처음
블록
코딩

나만의 블록 조립 연구소

엔트리

스타터

창의코딩연구소 지음

처음
블록
코딩

나만의 블록 조립 연구소

엔트리

스타터

창의코딩연구소 지음

초판 발행일 | 2018년 2월 20일

2쇄 발행일 | 2019년 10월 30일

지은이 | 창의코딩연구소

펴낸이 | 박재영

총편집인 | 이준우

기획진행 | 최윤희

㈜해람북스　**주소** | 서울시 용산구 한남대로 11길 12, 6층

문의전화 | 02-6337-5419　**팩스** 02-6337-5429

홈페이지 | https://class.edupartner.co.kr

발행처 | (주)미래엔에듀파트너　**출판등록번호** | 제2020-000101호

ISBN 979-11-88450-18-3 13000

나만의 블록 조립 연구소

자신이 스스로 코딩하여 만든 작품에 제목을 붙여 보세요. 그리고 코딩할 때 사용했던 명령 블록을 떠올려 함께 작성해 보세요.

연구 1	• 제목 : • 주요 명령 블록 :
연구 2	• 제목 : • 주요 명령 블록 :
연구 3	• 제목 : • 주요 명령 블록 :
연구 4	• 제목 : • 주요 명령 블록 :
연구 5	• 제목 : • 주요 명령 블록 :
연구 6	• 제목 : • 주요 명령 블록 :
연구 7	• 제목 : • 주요 명령 블록 :
연구 8	• 제목 : • 주요 명령 블록 :
연구 9	• 제목 : • 주요 명령 블록 :
연구 10	• 제목 : • 주요 명령 블록 :

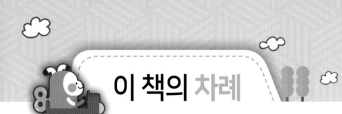

이 책의 차례

CONTENTS

'엔트리'는 왜 배우나요?

■ 소프트웨어

안녕! 나는 엔트리예요. 엔트리를 시작하기 전에 '왜 엔트리를 배우는가?'를 알기 위해 소프트웨어에 대하여 이야기하려고 해요.

여러분은 컴퓨터를 사용해 본 적 있나요? 스마트폰은요? 컴퓨터와 스마트폰 둘 다 사용해 본 친구들이 거의 대부분일 거예요. 맞아요! 요즘 사람들은 여러 기계 장치들로 구성된 컴퓨터와 스마트폰을 거의 매일 사용합니다. 그럼, 이렇게 우리가 매일 사용하는 기계 장치들이 어떻게 움직이는지에 대하여 알아본 적 있나요? 지금 함께 알아보기로 해요.

컴퓨터와 스마트폰의 기계 장치는 스스로 움직일 수 없답니다. 명령을 받은 때에만 움직이는데요. 이 때의 명령을 '소프트웨어'라고 부릅니다. 소프트웨어는 컴퓨터뿐만 아니라 일상 생활에서 효율적으로 사용하기 위해 개발된 프로그램이에요.

컴퓨터나 스마트폰의 본체를 구성하고 있는 기계 장치는 '하드웨어'라고 부릅니다.

[하드웨어]   [소프트웨어]

[소프트웨어가 사용된 기계 장치]

과거에는 소프트웨어가 사용된 기계 장치가 별로 없었답니다. 내비게이션 대신 지도를 보고 길을 찾았고요. 집의 현관문도 도어락 대신 보통 열쇠로 잠그고 열고 했지요. 이러한 점으로 볼 때, 소프트웨어의 개발로 인해 우리 주변의 제품들은 사람들의 생활이 편리해지도록 변화하고 있다는 것을 알 수 있어요. 또, 드론이나 무거운 짐을 옮기는 기계 장치처럼 사람이 직접 하기 힘든 일들을 대신하는 로봇이 개발되면 지금보다 쉽게 일할 수 있는 환경이 되겠지요. 소프트웨어를 왜 만들어야 하는지 이제 알 수 있겠지요?

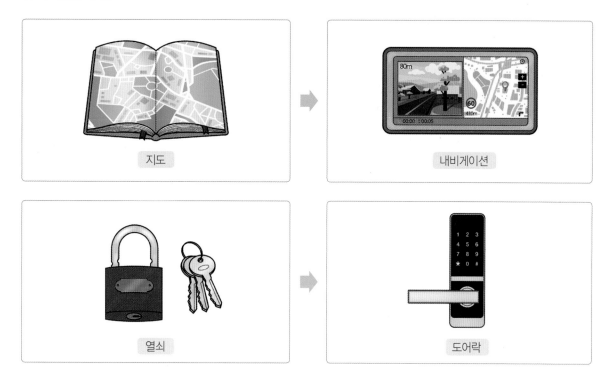

지도	내비게이션
열쇠	도어락

■ 소프트웨어는 누가 만들까요?

컴퓨터를 작동시키려면 소프트웨어를 만들어야 해요. 컴퓨터가 알아들을 수 있는 언어로 내용을 작성하여 명령하는 것이지요. 컴퓨터 언어를 잘 정리해서 작성하는 것을 '프로그래밍'이라고 부릅니다. 또다른 말로는 '코딩'이라고 해요. 그리고 프로그램을 만드는 사람을 '프로그래머'라고 합니다. 컴퓨터와 이야기하는 사람이라고 생각하면 쉽게 이해할 수 있어요. 소프트웨어 개발자는 프로그램을 설계하고, 코딩하여 이를 생활 속 제품으로 탄생시킵니다.

■ 엔트리란?

컴퓨터에 명령을 할 때 사용하는 컴퓨터 언어에는 여러 가지가 있어요. 그 중에 마치 장난감 블록을 연결하듯 명령어를 조립하여 누구나 쉽게 코딩할 수 있는 프로그램이 있는데요. 바로, '엔트리'입니다. 엔트리로 움직이는 캐릭터를 만들 수도 있고요. 음악을 연주하거나 게임을 만들 수도 있습니다. 이 밖에도 여러분이 상상하는 것은 무엇이든 만들 수 있을 거예요.

자, 엔트리 시작해 볼까요?

Chapter 01

엔트리 시작 : 반가워, 엔트리봇!

학습목표
- 엔트리 전체 구성과 화면의 세부적 기능에 대하여 알아봅니다.
- 오브젝트가 이동하는 것을 확인하고 저장하는 방법을 배웁니다.

• 완성 파일 : **엔트리봇(완성).ent**

 미션 문제 해결 과제

필요한 오브젝트	주요 명령 블록

실행 화면 이야기

엔트리를 시작하면 '엔트리봇' 오브젝트가 실행 화면에 항상 나타나 있어요. '엔트리봇' 오브젝트가 이동 방향으로 움직이는 장면이에요.

❶ 엔트리가 어떻게 구성되어 있는지 알아볼까요? 다음 그림은 '엔트리 만들기' 화면입니다. 작품을 만들기 위해서는 이 화면의 기능을 이용하여 명령어를 조립해야 합니다.

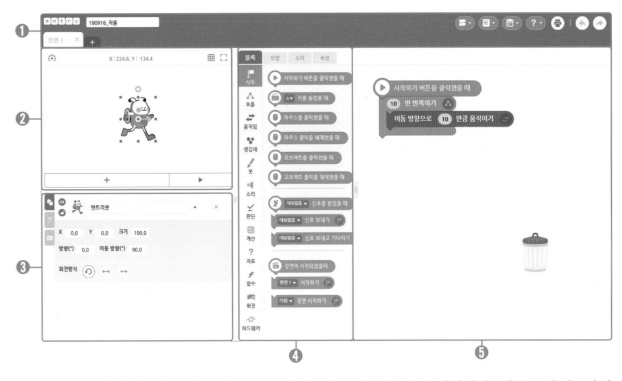

❶ **상단메뉴** : 상단메뉴에는 '작품이름, 코드방식, 새로 만들기, 작품 저장하기, 블록 도움말, 이전 작업, 다음 작업' 메뉴가 있습니다.

❷ **장면** : 명령한 대로 오브젝트가 작동하는지와 작품의 실행 결과를 확인할 수 있는 화면입니다.

❸ **오브젝트 목록** : 오브젝트의 이름과 정보를 확인하고, 이를 직접 수정할 수 있습니다.

❹ **블록 꾸러미** : '블록, 모양, 소리, 속성' 탭으로 이루어져 있습니다. 각 탭을 통해 오브젝트에 다양한 변화를 줄 수 있습니다.

❺ **블록 조립소** : 블록 꾸러미에 있는 블록을 마우스로 끌어와 조립하는 공간입니다.

궁금해요

'블록 조립소'에 휴지통이 있는데요?

블록 조립소에서는 명령 블록을 연결하는, 실제 코딩 작업을 하는데요. 코딩을 하다 보면 블록을 잘못 연결하는 경우가 있을 거에요. 이렇게 잘못 연결한 명령 블록을 마우스로 클릭한 후 휴지통으로 드래그하면 휴지통 뚜껑이 열리면서 블록이 삭제됩니다.

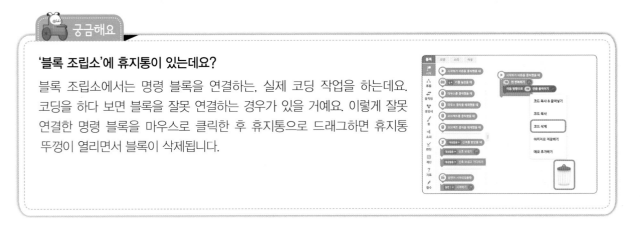

❶ '엔트리봇(완성).net' 파일을 불러옵니다. ▶ 버튼을 클릭하면, 엔트리가 실행되면서 '엔트리봇' 오브젝트가 이동 방향으로 '10'만큼 움직이는 것을 확인할 수 있습니다. 실행이 종료되면, ■ 버튼을 클릭합니다.

※ 실행 중에는 명령어를 수정할 수 없습니다. ■ 버튼을 클릭하면, 블록 조립 소에서 코딩이 가능한 상태가 됩니다.

❷ 이동 방향으로 10 만큼 움직이기 블록의 입력값을 '20'으로 변경한 후, ▶ 버튼을 클릭하여 이동한 거리가 늘어나게 변경된 것을 확인합니다.

❸ '엔트리봇' 오브젝트가 움직이는 것을 확인하는 '실행해 보기'가 끝난 후에는 상단메뉴의 [저장하기]를 클릭하여 저장합니다.

❶ '오브젝트'란 명령어를 통해 움직일 수 있는 화면상의 '배경, 캐릭터, 글상자' 등을 말합니다.

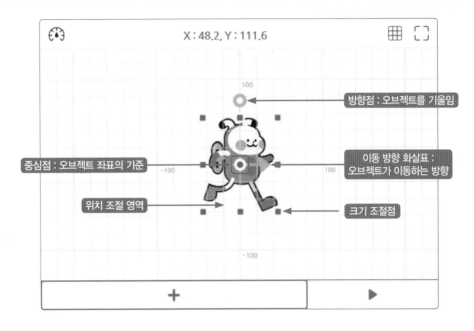

❷ ①의 ＋ 버튼을 클릭하면, 다음 그림과 같이 원하는 오브젝트를 선택할 수 있는 창이 열립니다. 각 분야에 어떤 오브젝트가 있는지 살펴봅시다.

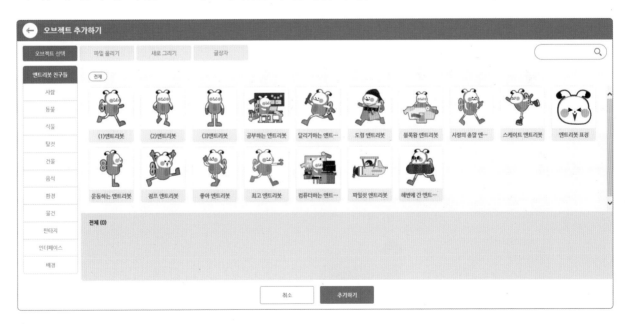

'과자 나라'로 가 볼까요?

학습목표

● '오브젝트 추가하기'에 대하여 알아봅니다.

● 오브젝트를 원하는 위치로 이동시키는 방법을 배웁니다.

• 완성 파일 : 과자 나라(완성).ent

미션 문제 해결 과제

필요한 오브젝트	주요 명령 블록
	없음.

실행 화면 이야기

엔트리로 프로그램을 만드는 것은 연극 무대를 만드는 것과 비슷합니다. 연극 무대에 필요한 배경, 사람, 물건 등과 같은 것을 엔트리에서는 '오브젝트'라고 합니다. '과자 나라'는 배경, 사람, 물건 등의 오브젝트를 통해 꾸며 본 장면이에요.

오브젝트 삭제

❶ 엔트리를 시작합니다. [오브젝트 목록] 창의 '엔트리봇' 오브젝트에서 ×(삭제)를 클릭하여 장면을 깨끗하게 합니다.

Tip

오브젝트 삭제 방법

[오브젝트 목록]에서 삭제할 오브젝트를 선택한 후 마우스 오른쪽 버튼을 눌러 [삭제]를 클릭하는 방법도 있습니다.

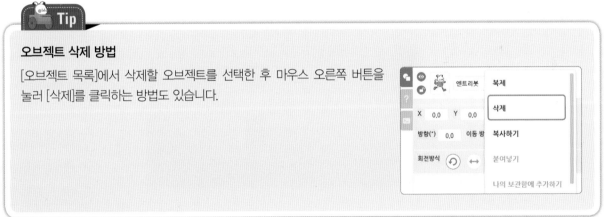

궁금해요

오브젝트에 갑자기 테두리가 생겼어요!

오브젝트를 클릭하면 주변에 테두리와 방향점, 크기 조절점 등이 생깁니다. ▶ 버튼을 눌러 실행이 된 후에는 테두리가 사라집니다.

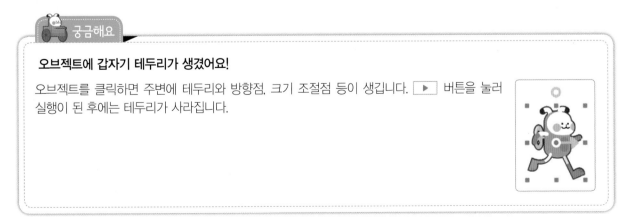

❶ 화면에서 ┌ + ┐ 버튼을 클릭합니다. [오브젝트 추가하기] 창이 열리면 [배경]-[실외]에서 '과자나라 풍경'을 선택한 후 [추가하기] 버튼을 클릭합니다.

❷ [배경] 오브젝트인 '과자나라 풍경'이 추가된 것을 확인합니다.

❸ + 버튼을 클릭합니다. [오브젝트 추가하기] 창이 열리면 [판타지]에서 '과자나라 소년(1)' 을 선택한 후 [추가하기] 버튼을 클릭합니다.

❹ '과자나라 풍경' 오브젝트에 '과자나라 소년(1)' 오브젝트가 추가된 것을 확인합니다.

❺ [모눈종이]를 클릭하여 '과자나라 소년(1)' 오브젝트의 위치를 세세하게 확인합니다. 마우스로 '과자나라 소년(1)'을 클릭한 후 원하는 위치로 드래그하여 이동시켜 봅니다.

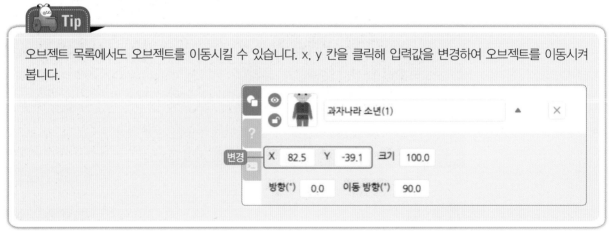

Tip

오브젝트 목록에서도 오브젝트를 이동시킬 수 있습니다. x, y 칸을 클릭해 입력값을 변경하여 오브젝트를 이동시켜 봅니다.

더 만들어 보기

예제 **1** 새 오브젝트를 추가하여 다음 그림과 같이 완성해 보세요.

• 완성 파일 : 미어캣 가족(완성).ent

예제 **2** 새 오브젝트를 추가하여 다음 그림과 같이 완성해 보세요.

• 완성 파일 : 동물 버스(완성).ent

03

안녕, 엔트리봇!

학습목표

● 간단한 코드 구성으로 기초 코딩을 시작합니다.

● 오브젝트가 말풍선을 통해 말하기 하는 방법을 배웁니다.

• 완성 파일 : 인사말하기(완성).ent

 미션 문제 해결 과제

필요한 오브젝트	주요 명령 블록

실행 화면 이야기

엔트리봇이 코딩을 시작하는 친구들에게 말풍선을 통해 반갑다는 말로 환영하고 있는 장면이에요. 엔트리에서는 명령 블록을 조립하여 오브젝트에 명령을 내릴 수 있는데요. 위에서 아래로 조립한 순서대로 차례차례 명령 블록을 실행합니다.

1 오브젝트 추가하기

❶ [오브젝트 목록]에 있는 엔트리봇 오브젝트를 ☒(삭제)하여 [장면]을 깨끗하게 합니다.

❷ ＋ 버튼을 클릭합니다. [오브젝트 추가하기] 창이 열리면 [배경]-[자연]에서 '우주(2)', [엔트리봇 친구들]에서 '블록왕 엔트리봇'을 선택한 후 [추가하기] 버튼을 클릭합니다.

2 코딩하기

❶ [장면]에서 '블록왕 엔트리봇' 오브젝트를 마우스로 직접 클릭하여 선택합니다. [블록 꾸러미]에서 [시작]의 ▶ 시작하기 버튼을 클릭했을 때 를 [블록 조립소]로 드래그합니다.

❷ [생김새]의  를 [블록 조립소]로 드래그하여 아래로 연결합니다.

❸ 안녕! 을(를) 말하기▼ 명령 블록을 "안녕! 반가워^^ 나는 엔트리봇이야!"로 변경하고, ▶ 버튼을 클릭합니다.

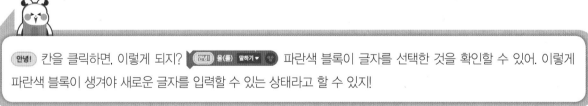

안녕! 칸을 클릭하면, 이렇게 되지? 안녕! 을(를) 말하기▼ 파란색 블록이 글자를 선택한 것을 확인할 수 있어. 이렇게 파란색 블록이 생겨야 새로운 글자를 입력할 수 있는 상태라고 할 수 있지!

Chapter 03 더 만들어 보기

예제 1 예제 파일을 불러와 "재미있는 게임을 만들어 볼까?"를 입력해 다음과 같이 완성해 보세요.

• 예제 파일 : 코딩하는 엔트리봇.ent   • 완성 파일 : 코딩하는 엔트리봇(완성).ent

예제 2 예제 파일을 불러와 "남극 탐험 시작!"을 입력해 다음과 같이 완성해 보세요.

• 예제 파일 : 남극 탐험.ent   • 완성 파일 : 남극 탐험(완성).ent

04

공룡이 나타났다!

학습목표

● 오브젝트가 숨었다가 보이는 방법을 배웁니다.

● 오브젝트가 기다렸다가 말하기 하는 방법을 배우고 코딩합니다.

• 예제 파일 : **공룡.ent** • 완성 파일 : **공룡(완성).ent**

 미션 문제 해결 과제

필요한 오브젝트

주요 명령 블록

생김새 [모양 보이기] [모양 숨기기]

흐름 [2 초 기다리기]

실행 화면 이야기

서울 도심에 공룡이 나타났어요. 백악기 때부터 공룡 자신이 살던 곳이라고 하면서, 비키지 않으면 잡아먹겠다고 겁을 주고 있어요. 이때 타이거 마스크가 등장하여 여자를 구해 주려고 하는 장면이에요.

❶ '공룡.ent' 예제 파일을 불러옵니다. '공룡' 오브젝트를 선택하고 **[시작]**의 ▶ 시작하기 버튼을 클릭했을 때 와 **[생김새]**의 안녕! 을(를) 4 초 동안 말하기 ▼ 를 연결하여 조립합니다. 그리고 '크앙 너를 잡아먹겠다!'를 2초 동안 말하기'로 변경합니다.

❷ [블록 조립소]에서 조립한 명령 블록을 마우스 오른쪽 버튼을 클릭하여 [코드 복사]합니다. 복사한 명령 블록은 '타이거마스크' 오브젝트로 옮겨 붙여 넣습니다.

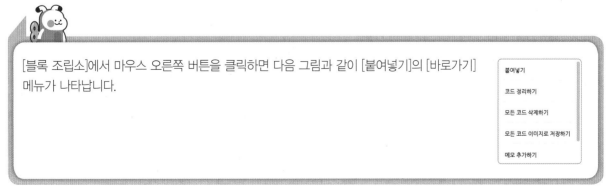

[블록 조립소]에서 마우스 오른쪽 버튼을 클릭하면 다음 그림과 같이 [붙여넣기]의 [바로가기] 메뉴가 나타납니다.

붙여넣기

코드 정리하기

모든 코드 삭제하기

모든 코드 이미지로 저장하기

메모 추가하기

❸ ②에서 복사한 명령 블록을 확인합니다. 그리고 '타이거마스크' 오브젝트가 숨었다가 보이게 하기 위해 [생김새]의 ⟨모양 숨기기⟩, [흐름]의 ⟨2 초 기다리기⟩, 다시 [생김새]의 ⟨모양 보이기⟩를 순서 대로 연결하여, 다음 그림과 같이 드래그하여 끼워 넣습니다.

Tip

1. 끼워 넣기 전에 먼저 블록을 순서대로 연결합니다.　　2. '1'에서 연결한 블록을 블록과 블록 사이에 끼워 넣습니다.

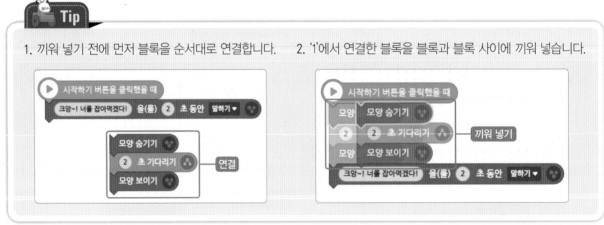

❹ ⟨크앙~! 너를 잡아먹겠다! 을(를) 2 초 동안 말하기⟩ 명령 블록의 내용을 "내가 상대하겠다!"로 변경합니다.

Chapter 04 더 만들어 보기

예제 1 예제 파일을 불러와 다음의 조건에 맞게 코딩을 완성해 보세요.

조건
① 가오리를 먼저 발견한 '잠수부(1)' 오브젝트가 "가오리다! 조심해!"라고 말합니다.
② 뒤 늦게 '가오리' 오브젝트가 나타나 옆의 '잠수부(2)' 오브젝트가 "아이쿠!"라고 말합니다.

• 예제 파일 : **잠수부.ent**   • 완성 파일 : **잠수부(완성).ent**

예제 2 예제 파일을 불러와 다음의 조건에 맞게 코딩을 완성해 보세요.

조건
① 로봇이 곰에게 "파란 마법약을 마셔 봐. 로봇으로 변신할 수 있어. 얍.~~~~"이라고 말합니다.
② '파란 마법약'과 '곰(2)' 오브젝트가 사라집니다.
③ 로봇으로 변신한 '곰 로봇' 오브젝트가 나타나 "정말이네~. 신나!"라고 말합니다.

• 예제 파일 : **곰로봇.ent**   • 완성 파일 : **곰로봇(완성).ent**

무대 위 기타리스트

● 블록 꾸러미의 [모양] 탭에 대하여 알아봅니다.

● [모양] 탭의 목록을 통해 한 개의 오브젝트에 여러 가지 모양이 있다는 것을 배웁니다.

● 오브젝트가 애니메이션처럼 움직이도록 코딩합니다.

・예제 파일 : **기타.ent**   ・완성 파일 : **기타(완성).ent**

X : -239.7, Y : 132.0

 미션 ｜ 문제 해결 과제

필요한 오브젝트	주요 명령 블록

생김새 — 락커(1)_1 모양으로 바꾸기

흐름 — 10 번 반복하기

실행 화면 이야기

유명한 기타리스트가 무대 위에서 기타 연주를 하고 있습니다. 오브젝트 모양을 반복해서 바꾸어 주면서 기타를 연주하는 모습으로 표현한 장면이에요.

❶ '기타.ent' 예제 파일을 불러옵니다. '기타리스트' 오브젝트를 선택하고 [모양] 탭에서 오브 젝트에 포함된 이미지를 확인합니다.

❷ 기타를 반복해서 치는 모습을 나타내기 위해 [시작]에서 ▶ 시작하기 버튼을 클릭했을 때 를, [흐름]에서 10 번 반복하기 를 [블록 조립소]로 순서대로 드래그하여 연결합니다.

❸ [생김새]의 와 [흐름]의 명령 블록을 순서대로 연결하여 '10번 반복하기' 블록 안으로 끼워 넣습니다. 그리고 시간 명령을 '0.5초 기다리기'로 변경합니다.

❹ ③에서 조립한 블록에서 마우스 오른쪽 버튼을 클릭해 [바로가기] 메뉴가 나타나면 [코드 복사&붙여넣기]를 선택합니다.

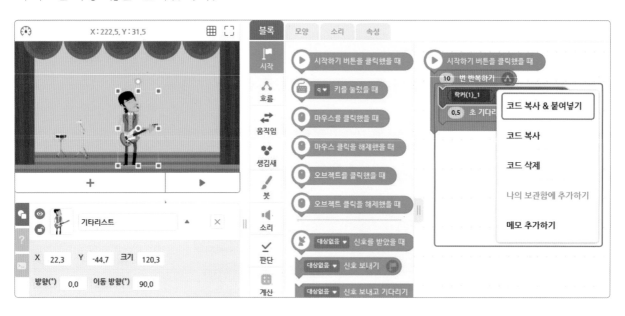

❺ 복사된 명령 블록을 아래로 연결합니다. 오브젝트의 [모양] 탭에서 확인한 이미지 개수만큼 다음 그림과 같이 모양 바꾸기 명령을 연결합니다.

[모양 추가하기] 목록의 모양과 조립한 블록을 비교하면서 조립이 잘 됐는지 확인해 봐!

Tip

1. 오른쪽 그림과 같이 반복되는 명령 블록을 10번 연결하게 되면, 조립 시간도 오래 걸리고 복잡한 모양의 명령 블록이 될 것입니다. 이때 '반복하기' 명령 블록으로 묶어 주면 간단하게 코딩할 수 있어 좋습니다.

2. 오브젝트의 모양을 바꿀 때 위의 '1'처럼 모양의 이름을 각각 지정하는 방법도 있고, 오른쪽 그림의 표시처럼 다음▼ 모양으로 바꾸기 를 이용할 수도 있습니다.

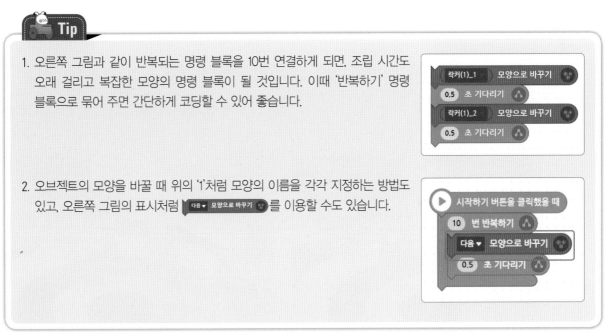

예제 **1** 예제 파일을 불러와 다음의 조건에 맞게 코딩을 완성해 보세요.

조건
① '좀비' 오브젝트가 공동묘지를 지나갑니다.
② '좀비' 오브젝트가 걷는 모양으로 움직입니다.

• 예제 파일 : 좀비.ent • 완성 파일 : 좀비(완성).ent

예제 **2** 예제 파일을 불러와 다음의 조건에 맞게 코딩을 완성해 보세요.

조건
① '권투선수'와 '사무라이' 오브젝트가 대결 무대에 올랐습니다.
② '권투선수'와 '사무라이' 오브젝트가 모양을 바꾸며, 서로 공격과 방어하는 모습을 나타냅니다.

• 예제 파일 : 대결.ent • 완성 파일 : 대결(완성).ent

Chapter 06

여행을 떠나요

- 여러 장면을 추가하는 방법과 글상자 오브젝트 만드는 방법을 알아봅니다.
- 장면을 마우스로 클릭했을 때 다음 장면으로 바뀌도록 코딩합니다.

학습목표

• 완성 파일 : 여행(완성).ent

 미션 문제 해결 과제

필요한 오브젝트	주요 명령 블록

실행 화면 이야기

여행을 떠나기 전에 가장 먼저 정해야 할 것은 무엇일까요? 여행 장소이겠죠? 어디로 여행을 가면 좋을지 함께 보기 위해 여러 장면에 담아 보았어요. 여러분도 계곡, 사막, 바다, 눈 덮인 벌판 등 계절과 상관 없이 가 보고 싶은 장소를 떠올리며 장면을 만들어 보세요.

❶ [오브젝트 목록] 창에 있는 엔트리봇 오브젝트를 ☒(삭제)하여 장면을 깨끗하게 합니다.

❷ [장면 1]에서 ⊞ 버튼을 클릭합니다. [오브젝트 추가하기] 창이 열리면 [배경]−[기타]에서 '패턴배경'을, [인터페이스]에서 '둥근버튼(곡 이동)'을 선택한 후 [추가하기] 버튼을 클릭합니다.

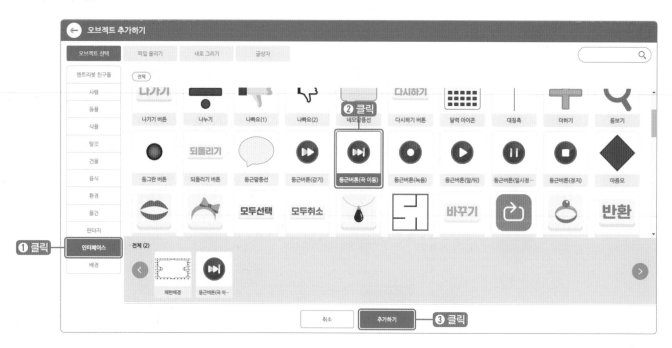

❸ ②의 '패턴배경'에 제목을 쓰기 위해 ⊞ 버튼을 클릭한 후, [글상자] 탭을 클릭합니다. '글꼴'은 '코딩고딕체', '속성'은 '기울임'으로 지정하고 [여러 줄 쓰기]를 클릭한 후 내용을 입력하고 [적용하기]를 클릭합니다.

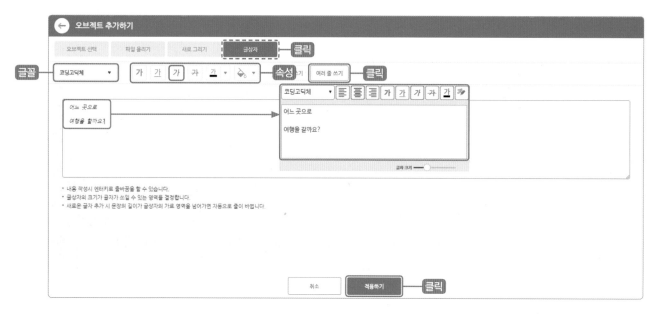

❶ [글상자]와 [둥근버튼] 오브젝트의 크기와 위치를 조정한 후 **[시작]**에서 오브젝트를 클릭했을 때 와 다음 ▼ 장면 시작하기 를 [블록 조립소]로 드래그하여 순서대로 연결합니다.

❷ [장면 2]~[장면 5]를 추가하고, 각 장면에 다음 그림과 같은 오브젝트를 추가합니다.

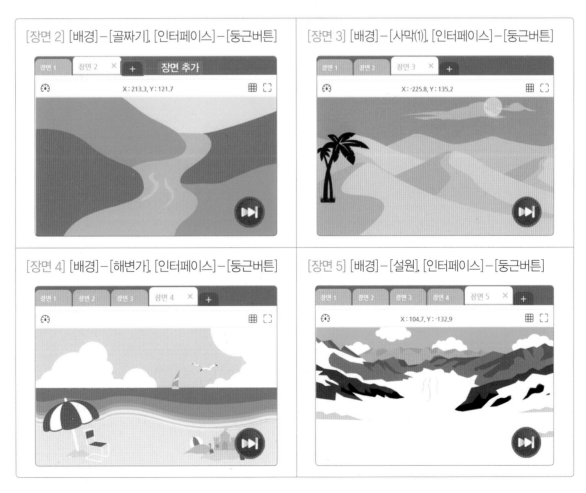

❸ [장면 1]의 코딩 내용을 복사한 후 [장면 2]~[장면 5]의 [배경] 오브젝트에 똑같이 붙여 넣습니다.

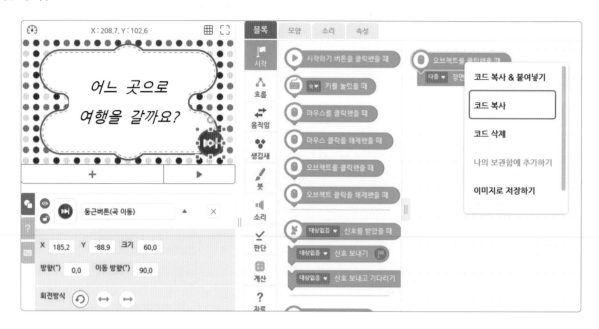

❹ [장면 5] 다음에는 장면이 없으므로 [다음▼ 장면 시작하기 🏳] 대신 [장면 2▼ 시작하기 🏳]로 명령 블록을 교체하여 코딩을 마무리합니다.

예제 **1** 예제 파일을 불러와 다음의 조건에 맞게 코딩을 완성해 보세요.

조건
① '순간이동 버튼' 오브젝트가 있습니다.
② '순간이동 버튼' 오브젝트를 클릭하면 장면이 변합니다.

• 예제 파일 : 순간이동.ent • 완성 파일 : 순간이동(완성).ent

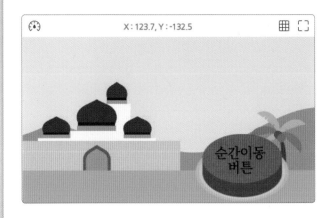

예제 **2** 예제 파일을 불러와 다음의 조건에 맞게 코딩을 완성해 보세요.

조건
① '로켓' 오브젝트가 발사되어 하늘로 날아갑니다. 4 초 동안 x: 10 y: 180 만큼 움직이기

② 장면이 바뀌면서 '로켓' 오브젝트가 우주로 날아갑니다. 장면이 시작되었을때

• 예제 파일 : 로켓.ent • 완성 파일 : 로켓(완성).ent

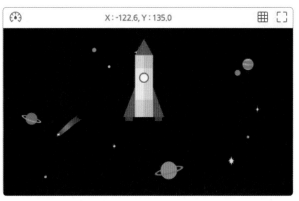

산호바다의 열대어

● 무작위 수(난수)를 사용하여 오브젝트를 움직이는 방법을 배웁니다.
● 무작위 수(난수)를 사용하여 오브젝트를 회전하는 방법을 배우고 코딩을 완성합니다.

• 예제 파일 : **열대어.ent**   • 완성 파일 : **열대어(완성).ent**

 미션 문제 해결 과제

필요한 오브젝트	주요 명령 블록

실행 화면 이야기

산호바다에서 열대어가 즐겁게 헤엄치고 있습니다. 사실은 산호바다처럼 꾸민 어항인데요. 그래서 열대어가 어항 벽에 부딪칠 때마다 무작위 방향으로 헤엄을 치고 있는 장면이에요.

❶ '열대어.ent' 예제 파일을 불러옵니다. '열대어' 오브젝트를 선택합니다. 열대어가 계속 움직일수 있도록 [**시작**]의 ▶ 시작하기 버튼을 클릭했을 때 와 [**흐름**]의 ⟲ 계속 반복하기 를 [블록 조립소]로 드래그 하여 순서대로 연결합니다.

❷ '열대어' 오브젝트의 움직임과 방향을 정하기 위해 [**움직임**] 꾸러미에서 다음 그림과 같은 3개의 블록을 순서대로 연결하여, '계속 반복하기' 블록 안에 끼워 넣습니다.

❸ '열대어' 오브젝트를 무작위로 움직이게 하거나 회전시키기 위해서 [계산] 꾸러미에서 ⓪ 부터 ⑩ 사이의 무작위 수 명령 블록을 선택합니다. 그리고 [움직임] 명령 블록의 입력 칸에 드래그하여 끼워 넣습니다. 움직임과 회전 명령을 '0부터 5 사이의 무작위 수'로 변경합니다.

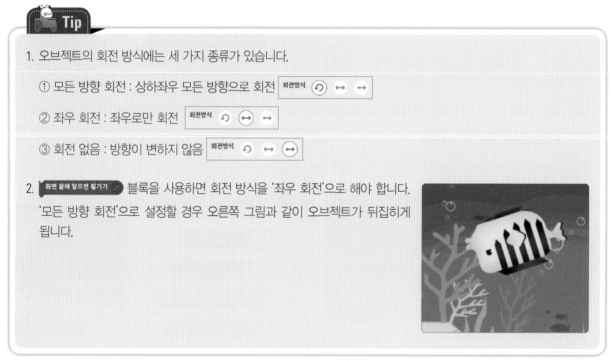

예제 **1** 예제 파일을 불러와 다음의 조건에 맞게 코딩을 완성해 보세요.

조건
① '개구리' 오브젝트가 '물웅덩이' 오브젝트 위에서 무작위로 움직입니다.
② '개구리' 오브젝트의 회전은 '−10부터 10 사이의 무작위 수'만큼 회전하기로 작성합니다.
③ '개구리' 오브젝트가 화면 끝에 닿으면 팅깁니다.

• 예제 파일 : 개구리.ent • 완성 파일 : 개구리(완성).ent

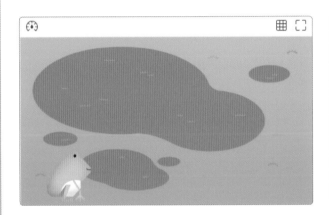 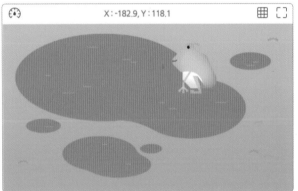

예제 **2** 예제 파일을 불러와 다음의 조건에 맞게 코딩을 완성해 보세요.

조건
① '유령' 오브젝트가 빙글빙글 돌면서 움직입니다.
② '유령' 오브젝트가 화면 끝에 닿으면 팅깁니다.

• 예제 파일 : 유령.ent • 완성 파일 : 유령(완성).ent

 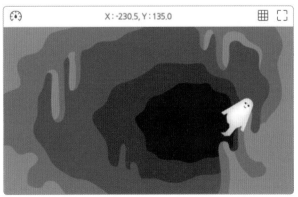

즐거운 코딩 ①

 다음의 조건을 이용해 코딩을 완성해 보세요.

① '로봇' 오브젝트가 "여기는 로봇 마을이야". "우리 마을에 들어오려면 주사위를 던져 짝수가 나와야 해!" "자, 주사위를 클릭해 봐."라고 말합니다. 그리고 다음 장면으로 넘어갑니다.

② 다음 장면에 주사위가 있습니다. 클릭하여 주사위를 굴린 후 짝수가 나오면, 키보드의 '엔터 키'를 칩니다.

③ ②에서 '엔터 키'를 치면 "로봇 마을에 오셨습니다! 환영합니다!"라고 적힌 장면이 나옵니다.

• 예제 파일 : **로봇 마을.ent** • 완성 파일 : **로봇 마을(완성).ent**

우주행성에 도착한 우주인

학습목표

● 키보드의 상하좌우 방향키로 오브젝트를 움직이는 방법을 알아봅니다.

● 오브젝트를 회전시키는 방법을 배우고 코딩을 완성합니다.

· 완성 파일 : 우주인(완성).ent

X : -223.9, Y : 154.2

 문제 해결 과제

필요한 오브젝트	주요 명령 블록

시작

  q ▼ 키를 눌렀을 때

움직임

  이동 방향을 90° (으)로 정하기

실행 화면 이야기

우주인이 행성을 탐험하고 있습니다. 우주에는 공기가 없다는 것을 잘 알고 있지요? 그래서 우주인들은 우주에서 잘 헤엄칠 수 있어야 해요. 미래에는 우리도 우주 탐험을 할 수 있을까요? 상상을 해 보며 키보드의 방향키로 우주인을 움직여 보세요.

➊ [오브젝트 목록] 창에 있는 엔트리봇 오브젝트를 ⊠(삭제)하여 장면을 깨끗하게 합니다.

➋ ＋ 버튼을 클릭합니다. [오브젝트 추가하기] 창이 열리면 [배경]−[자연]에서 '우주(1)', [사람]에서 '우주인(4)'를 선택한 후 [추가하기] 버튼을 클릭합니다.

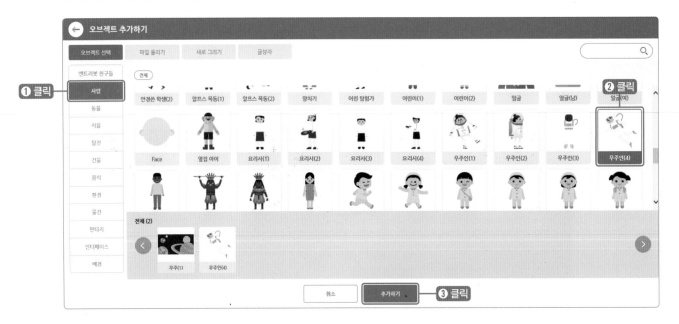

2 코딩하기

➊ [시작]에서 키를 눌렀을 때 를 [블록 조립소]로 드래그하여 목록(▼) 버튼을 클릭한 후 목록에서 '오른쪽 화살표'를 선택합니다.

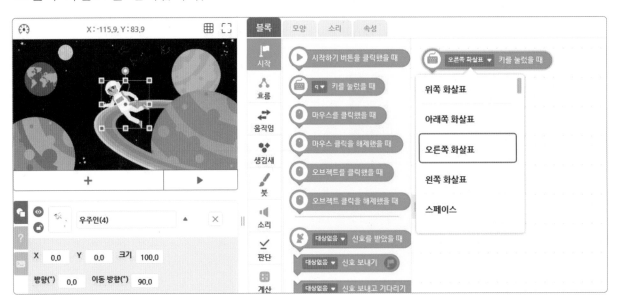

❷ ①에 이어서 `이동 방향으로 10 만큼 움직이기` 와 `이동 방향을 90° (으)로 정하기` 를 연결합니다.

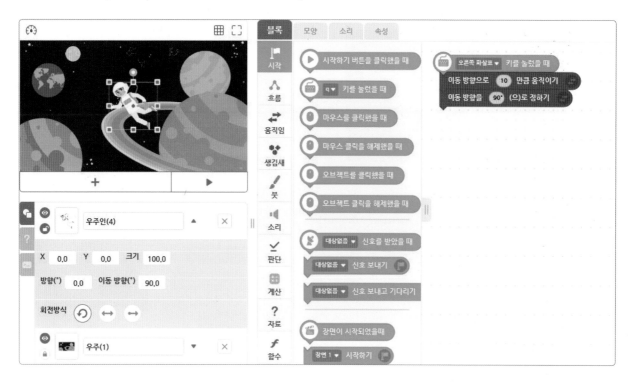

❸ '우주인(4)' 오브젝트가 상하좌우 4개의 방향으로 움직일 수 있도록 합니다. ②에서 조립한 블록에 대고 마우스 오른쪽 버튼을 클릭합니다. [코드 복사&붙여넣기] 메뉴 선택하기를 3회 반복하여 다음 그림과 같이 나열합니다.

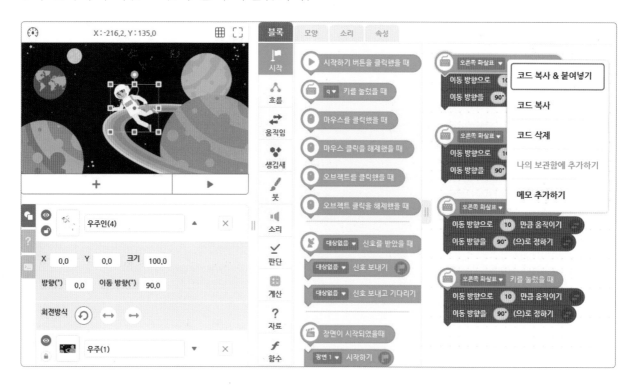

④ 키보드의 방향키와 이동 방향의 각도가 일치되도록 입력값을 다음 그림과 같이 변경합니다.

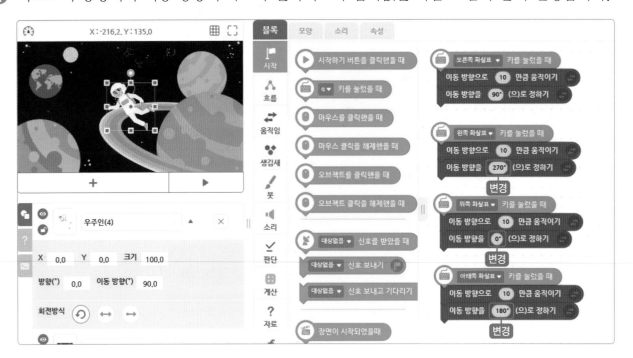

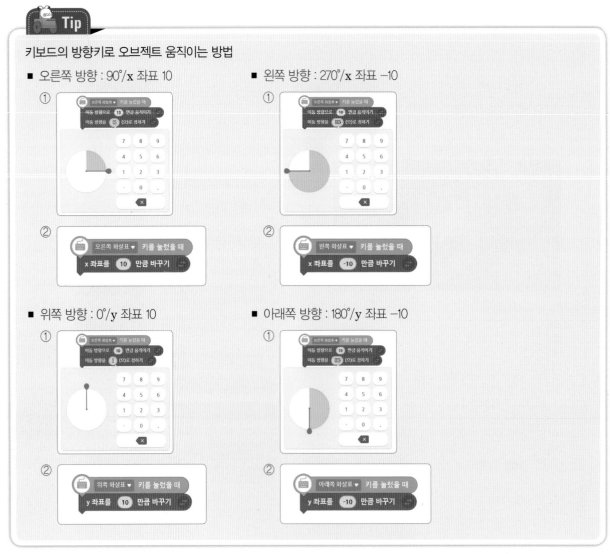

예제 **1** 예제 파일을 불러와 다음의 조건에 맞게 코딩을 완성해 보세요.

조건
① '꿀벌' 오브젝트를 좌우 방향키로 움직입니다.
② '꿀벌' 오브젝트가 위쪽 방향키를 누르면 오른쪽으로, 아래쪽 방향키를 누르면 왼쪽으로 15°만큼씩 회전합니다.

• 예제 파일 : **꿀벌**.ent • 완성 파일 : **꿀벌(완성)**.ent

예제 **2** 예제 파일을 불러와 다음의 조건에 맞게 코딩을 완성해 보세요.

조건
① '해적문어' 오브젝트가 좌우 방향키에 의해 움직이다가 벽에 닿으면 튕깁니다.
② '해적문어' 오브젝트가 위쪽 방향키를 누르면 오른쪽으로 회전하고, 아래쪽 방향키를 누르면 왼쪽으로 회전합니다.

• 예제 파일 : **해적문어**.ent • 완성 파일 : **해적문어(완성)**.ent

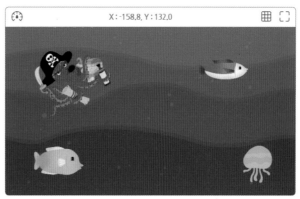

찾아라! 보물지도!

학습목표 🌱

● 키보드의 방향키를 이용해 '미로찾기' 하는 방법을 배웁니다.

● 오브젝트가 미로의 벽에 닿으면 처음부터 다시 시작하도록 코딩합니다.

• 예제 파일 : **보물지도**.ent   • 완성 파일 : **보물지도(완성)**.ent

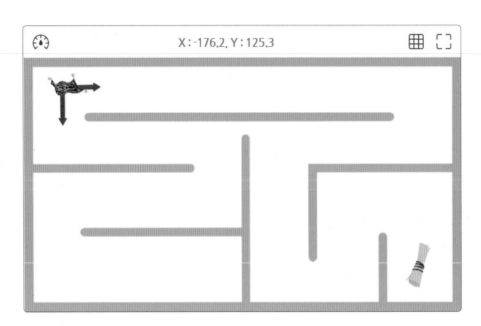

X : -176.2, Y : 125.3

🐰 **미션** 문제 해결 과제

필요한 오브젝트	주요 명령 블록

↔ 움직임   x 좌표를 `10` 만큼 바꾸기   x: `0` y: `0` 위치로 이동하기

⋏ 흐름   만일 `참` 이라면 ⋏

✕ 판단   마우스포인터 ▼ 에 닿았는가?

실행 화면 이야기

마법의 양탄자가 보물 지도를 찾고 있습니다. 미로를 잘 통과해 마법의 양탄자가 보물 지도를 만날 수 있게 도와주세요. 미로의 벽에 닿으면 처음 출발했던 곳으로 돌아가게 되니, 너무 서두르지 않도록 해요.

❶ '보물지도.ent' 예제 파일을 불러옵니다. '마법 양탄자(1)' 오브젝트를 선택하고 **[시작]**의 와 **[움직임]**의 를 [블록 조립소]로 드래그하여 순서대로 연결합니다. 그리고 다음 그림과 같이 '오른쪽 화살표 키를 눌렀을 때', 'x좌표를 10만큼 바꾸기'로 블록의 내용을 변경합니다.

❷ '마법 양탄자(1)' 오브젝트가 키보드의 상하좌우 방향키로 움직이도록 ①의 명령 블록을 복사하여 붙여 넣은 후, 다음 그림과 같이 블록의 내용을 변경합니다.

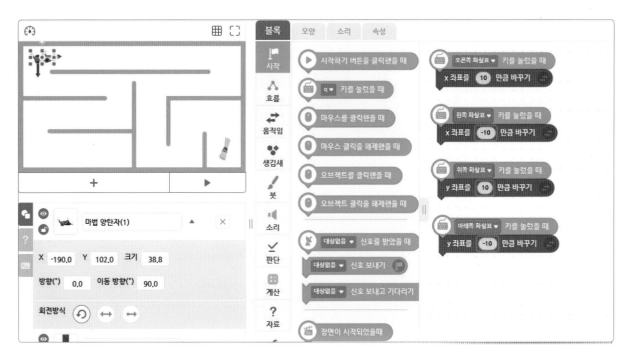

❸ '마법 양탄자(1)' 오브젝트가 미로의 벽에 닿았을 때, 시작했던 위치로 이동하게 합니다. 먼저 [시작]의 ▶ 시작하기 버튼을 클릭했을 때 를 조립소로 드래그합니다. 그리고 [흐름]의 블록 안쪽에 다음 그림과 같이 만일 참 이라면 ∧ 블록을 끼워 넣습니다.

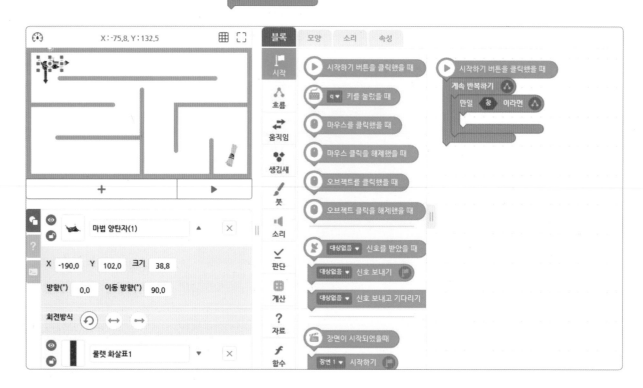

❹ [판단]에서 마우스포인터 ▼ 에 닿았는가? 를 블록 조립소의 조건 명령에 끼워 넣습니다. 그리고 '미로 (1)'로 변경합니다.

❺ '마법 양탄자(1)' 오브젝트가 미로의 벽에 닿았을 때, 되돌아 갈 시작 위치를 지정해야 합니다. 오브젝트 목록에서 x, y의 위치를 확인합니다.

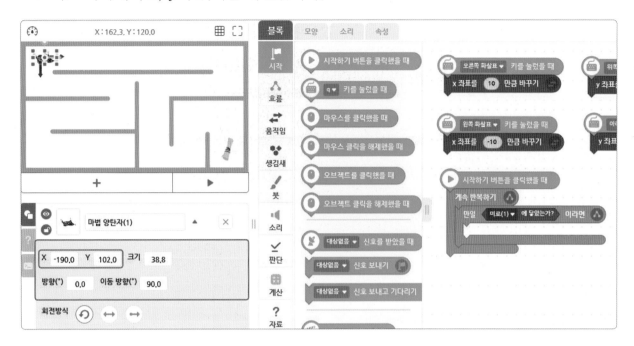

❻ [움직임]에서 `x: 0 y: 0 위치로 이동하기` 를 블록 조립소로 드래그하여

안에 끼워 넣습니다. 그리고 '마법 양탄자(1)' 오브젝트의 시작 위치값을 입력합니다.

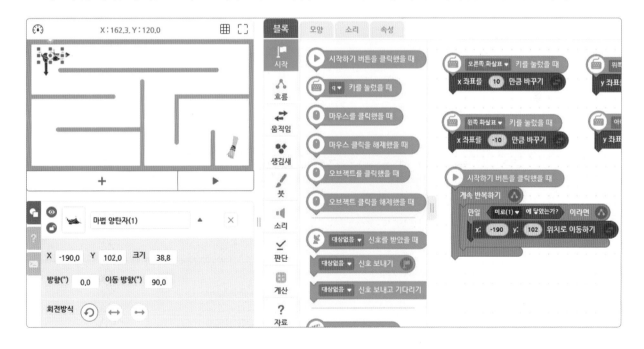

더 만들어 보기

예제 **1** 예제 파일을 불러와 다음의 조건에 맞게 코딩을 완성해 보세요.

조건
① '자동차' 오브젝트가 키보드의 좌우 방향키에 의해 움직이다가 미로 벽에 닿으면 출발 위치로 돌아갑니다.
② '자동차' 오브젝트는 위쪽 방향키를 누르면 오른쪽으로, 아래쪽 방향키를 누르면 왼쪽으로 15°만큼씩 회전합니다.

• 예제 파일 : **자동차.ent** • 완성 파일 : **자동차(완성).ent**

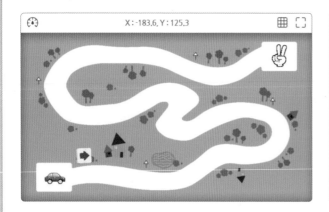 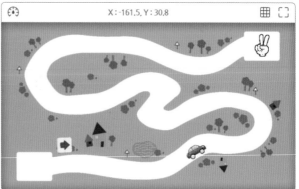

예제 **2** 예제 파일을 불러와 다음의 조건에 맞게 코딩을 완성해 보세요.

조건
① '돼지' 오브젝트가 키보드의 상하좌우 방향키에 의해 움직이다가 미로 벽에 닿으면 출발 위치로 돌아갑니다.
② '돼지' 오브젝트가 음식에 닿으면, 음식이 사라집니다.

• 예제 파일 : **음식먹기.ent** • 완성 파일 : **음식먹기(완성).ent**

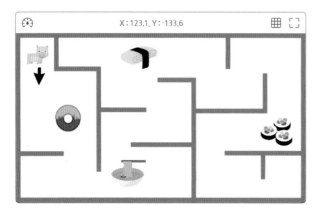 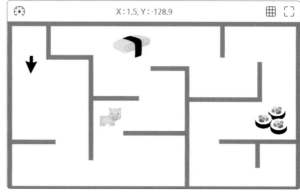

곤충 미로 탈출 게임

학습목표 🌱

● 미로에서 '좌우' 또는 '상하'로 움직이는 '곤충' 오브젝트를 만들어 봅니다.
● '쿠키사람' 오브젝트가 미로의 벽과 곤충에 닿으면 처음부터 다시 시작하도록 코딩합니다.

• 예제 파일 : **곤충미로.ent** • 완성 파일 : **곤충미로(완성).ent**

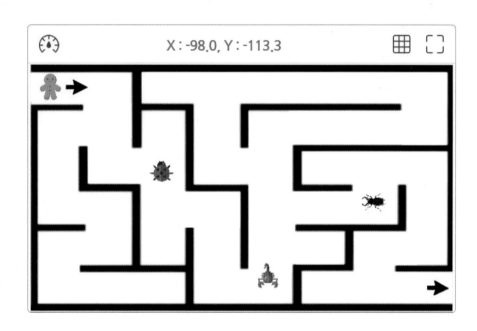

 미션 문제 해결 과제

필요한 오브젝트	주요 명령 블록

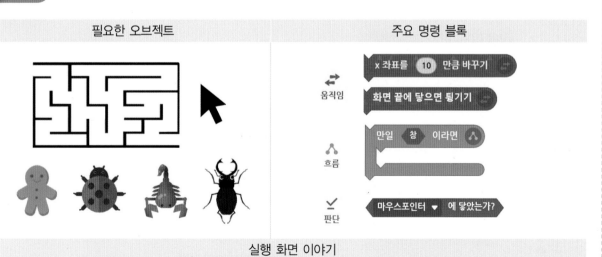

실행 화면 이야기

곤충이 살고 있는 미로를 탈출하는 게임입니다. 쿠키사람이 움직이는 곤충에게 물리지 않게 방향키를 이용해 잘 피해야 해요.

❶ '곤충미로.ent' 예제 파일을 불러옵니다. '쿠키사람' 오브젝트를 선택하고 [**시작**]의
📟 q ▾ 키를 눌렀을 때 와 [**움직임**]의 x좌표를 10 만큼 바꾸기 를 연결한 블록 4쌍을 조립합니다. 그리고
다음 그림과 같이 키보드의 상하좌우 방향키에 의해 움직이도록 입력값을 변경합니다.

❷ '쿠키사람' 오브젝트가 미로의 벽에 닿으면 처음 출발 위치로 돌아가도록 코딩합니다.
[**시작**]-[**흐름**]-[**움직임**]에서 다음 그림과 같은 명령 블록을 [블록 조립소]로 드래그하여
순서대로 연결합니다. 만일 참 이라면 의 블록의 '참' 칸에는 [**판단**]의 마우스포인터 ▾ 에 닿았는가? 를
드래그하여 넣은 후 '미로'를 선택하여 미로 ▾ 에 닿았는가? 로 변경합니다. 그리고 시작 위치값을
입력합니다.

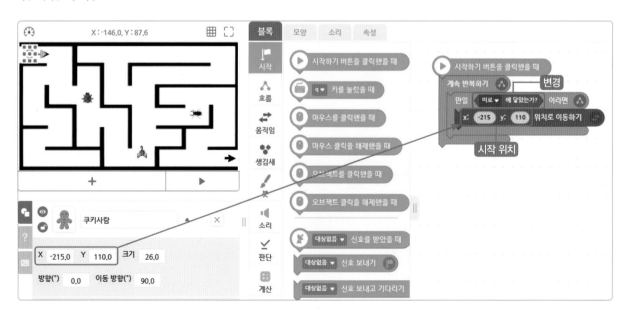

❸ ②와 같은 방법으로  과 마우스포인터 ▼ 에 닿았는가? 명령 블록을 사용하여 '쿠키사람' 오브젝트가 '장수풍뎅이, 전갈, 무당벌레(2)' 오브젝트에 닿으면 처음 시작 위치로 돌아가도록 코딩합니다.

❹ 다음 그림과 같이 코딩이 되었는지 확인 후, 먼저 '쿠키사람' 오브젝트가 명령 블록의 조건에 맞게 움직이는지 실행해 봅니다.

※ '곤충' 오브젝트들은 아직 코딩 전이므로, '쿠키사람' 오브젝트가 키보드의 방향키에 의해 잘 움직이는지, 미로 벽에 닿으면 처음 시작 위치로 돌아가는지만 확인합니다.

❺ '곤충' 오브젝트들을 코딩할 차례입니다. 먼저 '장수풍뎅이' 오브젝트를 선택합니다. 그리고 다음 그림과 같이 명령 블록을 순서대로 연결합니다.

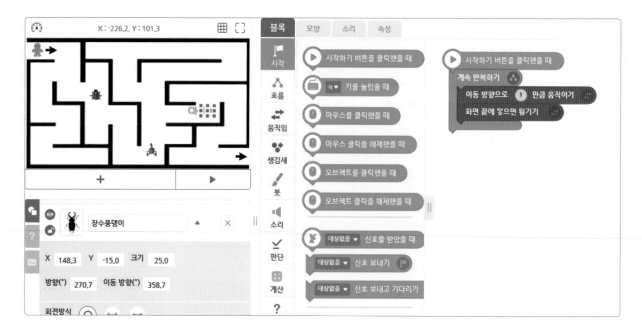

❻ '전갈, 무당벌레(2)' 오브젝트도 ❺의 '장수풍뎅이' 오브젝트와 같은 방법으로 코딩합니다.

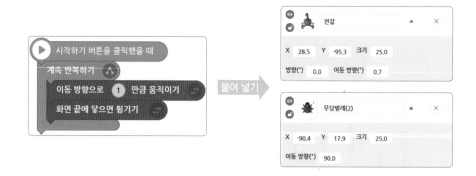

❼ '장수풍뎅이, 전갈, 무당벌레(2)' 오브젝트를 각각 선택하여, '이동 방향 화살표'를 다음 그림과 같이 변경합니다.

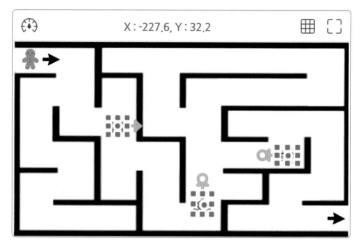

※ 이동 방향 화살표는 마우스로 클릭한 상태에서 자유롭게 회전이 가능합니다.

예제 1 예제 파일을 불러와 다음의 조건에 맞게 코딩을 완성해 보세요.

조건

① 키보드의 방향키 대로 '거북이' 오브젝트가 움직입니다.

② '거북이' 오브젝트는 '미로 벽'이나 '독거미' 오브젝트에 닿으면 처음 출발 위치로 돌아갑니다.

③ '독거미' 오브젝트는 무작위 수로 회전하여 움직이고, 미로 벽에 닿으면 튕깁니다.

• 예제 파일 : **독거미 미로.ent** • 완성 파일 : **독거미 미로(완성).ent**

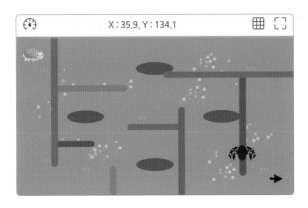 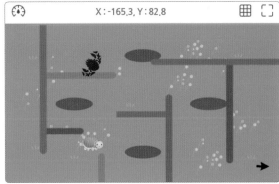

예제 2 예제 파일을 불러와 다음의 조건에 맞게 코딩을 완성해 보세요.

조건

① 좌우로 움직이는 '막대' 오브젝트가 미로 벽에 닿으면 튕깁니다.

② 키보드의 방향키 대로 '로봇 고양이' 오브젝트가 움직입니다.

③ '로봇 고양이' 오브젝트가 '왕관' 오브젝트에 닿으면 '왕관' 오브젝트가 사라집니다.

④ '로봇 고양이' 오브젝트가 움직이는 '막대'나 '파리' 오브젝트에 닿으면 처음 출발 위치로 돌아갑니다.

• 예제 파일 : **우주미로.ent** • 완성 파일 : **우주미로(완성).ent**

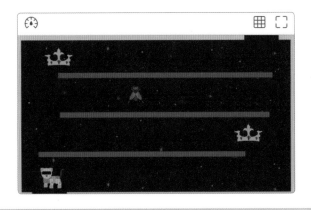 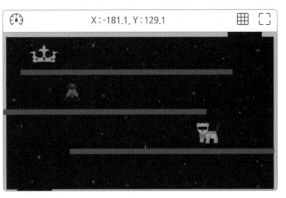

노란 꽃잎 도장 찍기

학습목표

● '노란 꽃잎' 오브젝트의 모양을 반복하여 '도장 찍기' 하는 방법을 배웁니다.
● '노란 꽃잎' 오브젝트가 회전하면서 도장 찍기를 하도록 코딩합니다.

• 완성 파일 : **노란꽃(완성)**.ent

X : -79.4, Y : 15.8

 미션 문제 해결 과제

필요한 오브젝트	주요 명령 블록

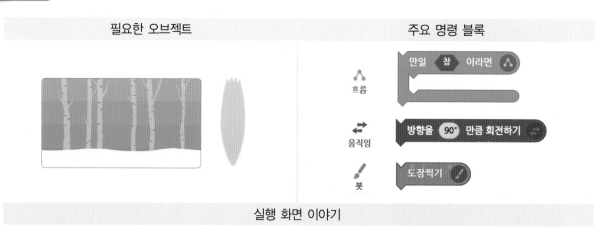

실행 화면 이야기

겨울 장면을 본 느낌이 어떤가요? 조금 쓸쓸해 보이지 않나요? 그래서 노란 꽃잎 여러 장으로 꽃을 만들어 넣었어요. 겨울 배경에 도장 찍기 블록으로 꽃 모양을 만들어 넣은 장면이에요.

❶ [오브젝트 목록] 창에 있는 엔트리봇 오브젝트를 ⌧(삭제)하여 장면을 깨끗하게 합니다.

❷ ➕ 버튼을 클릭합니다. [오브젝트 추가하기] 창이 열리면 [배경]에서 '겨울 숲', [식물]–
[기타]에서 '노란 꽃잎'을 선택한 후 [추가하기] 버튼을 클릭합니다.

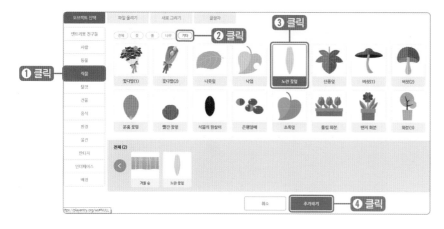 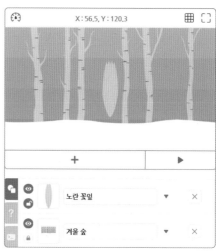

❸ '노란 꽃잎' 오브젝트를 선택하여 중심점을 '가운데 중심'에서 '아래 중심'으로 이동시킵니다.

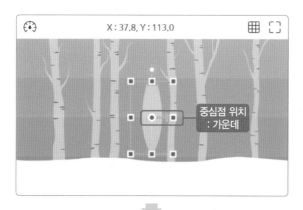 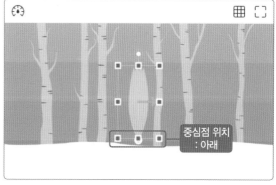

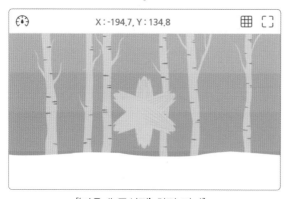

['가운데 중심점' 회전 결과]   ['아래 중심점' 회전 결과]

❶ 5장의 꽃잎을 만들기 위해 **[시작]**의 `▶ 시작하기 버튼을 클릭했을 때`와 **[흐름]**의 `10 번 반복하기`를 [블록 조립소]로 드래그하여 순서대로 연결합니다. 그리고 '5번 반복하기'로 변경합니다.

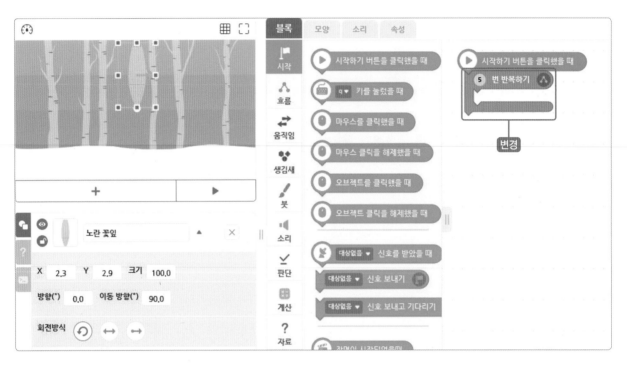

❷ '꽃잎'을 도장처럼 찍어서 '꽃 모양'으로 나타내므로, **[붓]**의 `도장찍기`와 **[움직임]**의 `방향을 90°만큼 회전하기`를 순서대로 연결합니다. 그리고 '방향을 60°만큼 회전하기'로 변경합니다.

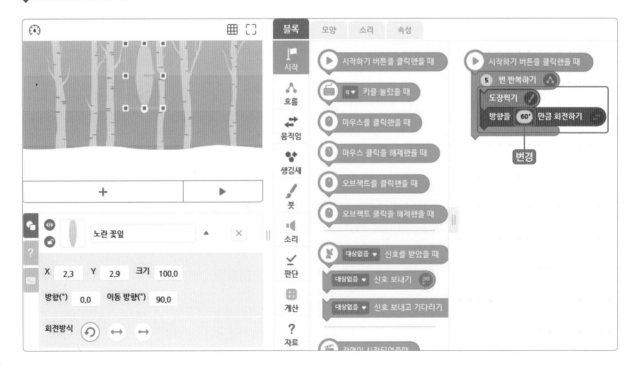

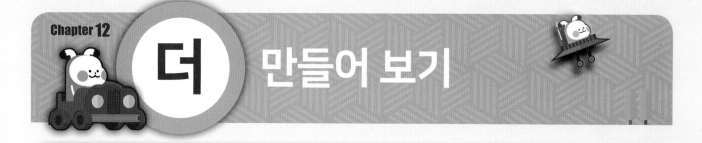

Chapter 12
더 만들어 보기

예제 **1** 예제 파일을 불러와 다음의 조건에 맞게 코딩을 완성해 보세요.

조건
① '빨간 꽃잎' 오브젝트가 꽃잎을 찍어 가며 꽃 모양을 만듭니다.
② '빨간 꽃잎' 오브젝트가 도장을 찍을 때마다 꽃잎 색깔이 바뀝니다. 색깔 ▼ 효과를 10 만큼 주기

• 예제 파일 : **빨간꽃잎.ent** • 완성 파일 : **빨간꽃잎(완성).ent**

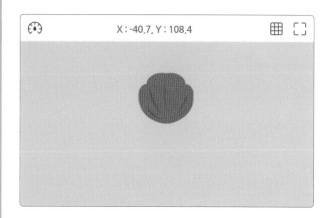

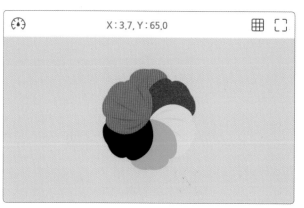

예제 **2** 예제 파일을 불러와 다음의 조건에 맞게 코딩을 완성해 보세요.

조건
① 각각의 '꽃 모양' 오브젝트가 색깔 효과를 나타내며 회전을 합니다.
② 각각의 '꽃 모양' 오브젝트는 회전수와 회전 방향이 다릅니다.

• 예제 파일 : **꽃바람개비.ent** • 완성 파일 : **꽃바람개비(완성).ent**

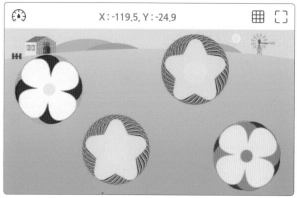

13

숲 속 정원 가꾸기

학습목표

● 오브젝트가 마우스포인터를 따라 움직이는 방법을 배웁니다.

● 오브젝트의 크기를 조절하며 '숲 속' 배경에 '도장 찍기' 할 수 있게 코딩합니다.

• 완성 파일 : **숲 속 정원(완성).ent**

미션 문제 해결 과제

필요한 오브젝트	주요 명령 블록

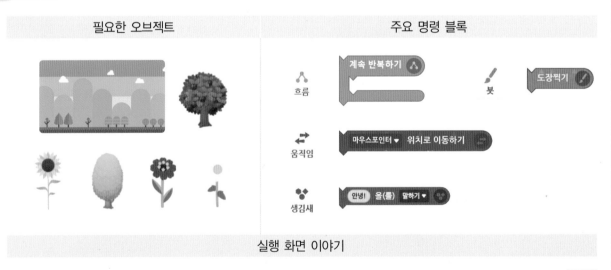

실행 화면 이야기

숲 속의 한 공간을 정원으로 꾸미려고 해요. 나무도 심고 꽃도 심으면 향기 나는 풍성한 정원이 되겠지요? 키보드의 ↑ ↓ 방향키로 나무와 꽃의 크기를 조절하고, 마우스를 클릭하여 나무와 꽃을 심은 장면이에요.

❶ [오브젝트 목록] 창에 있는 엔트리봇 오브젝트를 ⨉(삭제)하여 장면을 깨끗하게 합니다.

❷ ＋ 버튼을 클릭합니다. [오브젝트 추가하기] 창의 [배경]에서 '숲속(2)' [식물]–[나무]에서 '사과나무'를 선택한 후 [적용하기] 버튼을 클릭합니다.

❶ 계속 반복하는 동작을 만들기 위해 [시작]의 ▶ 시작하기 버튼을 클릭했을 때 와 [흐름]의 계속 반복하기 를 [블록 조립소]에서 순서대로 연결합니다.

② 오브젝트가 마우스포인터를 계속해서 따라다니게 하도록  안에 **[움직임]**의 를 끼워 넣습니다.

③ 마우스의 움직임에 따라 이동하는 오브젝트를 '숲 속' 배경에 도장처럼 찍을 수 있게 **[붓]**의 를 선택하여 다음 그림처럼 코딩합니다.

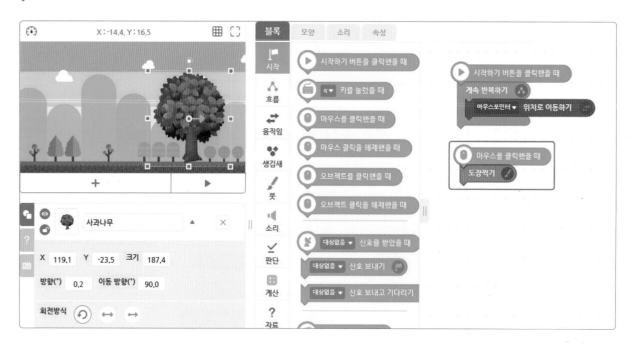

④ 오브젝트의 크기를 키보드의 방향키로 조절하도록 코딩합니다. [q ▾ 키를 눌렀을 때]와 [생김새]의 [크기를 10 만큼 바꾸기]를 [블록 조립소]로 순서대로 연결합니다. 그리고 'q 키'를 '위쪽 화살표 키'로 변경합니다. 그리고 [코드 복사 & 붙여넣기]합니다.

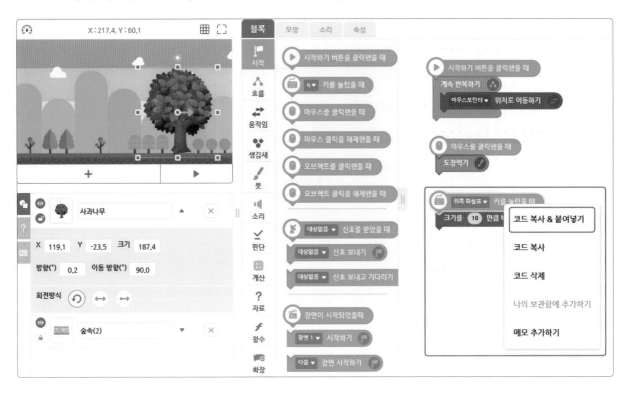

⑤ ④에서 코드 [복사&붙여넣기]한 내용을 다음 그림처럼 '아래쪽 화살표 키', '−10'만큼으로 변경합니다.

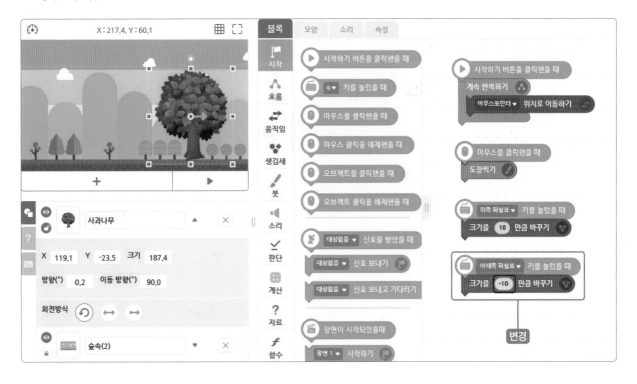

❻ [모양] 탭에서 [모양 추가하기]를 클릭합니다. [모양 추가하기] 창이 열리면 [식물]에서 '나무(2)_1, 데이지_1, 백일홍_1, 해바라기_1'을 다음 그림과 같이 각각 추가합니다.

❼ ❻에서 추가한 모양이 '스페이스 키'를 누를 때마다 다음 모양으로 바뀌도록 <kbd>q▼ 키를 눌렀을 때</kbd> 와 <kbd>다음▼ 모양으로 바꾸기</kbd> 를 [블록 조립소]로 드래그한 후, 'q 키'를 '스페이스 키'로 변경합니다.

예제 **1** 예제 파일을 불러와 다음의 조건에 맞게 코딩을 완성해 보세요.

조건
① '낙타' 오브젝트의 크기를 키보드의 '방향키'로 조절합니다.
② 마우스를 클릭하면 '낙타' 오브젝트가 화면에 찍히도록 합니다.

• 예제 파일 : **낙타.ent** • 완성 파일 : **낙타(완성).ent**

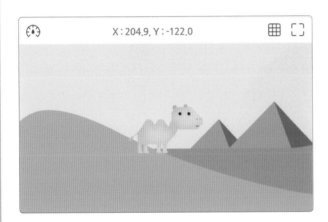

X : 204.9, Y : -122.0

X : -2.1, Y : 46.4

예제 **2** 예제 파일을 불러와 다음의 조건에 맞게 코딩을 완성해 보세요.

조건
① [배경]인 '정글' 오브젝트에 여러 동물 모양이 추가된 오브젝트를 만듭니다.
② 마우스를 클릭하면 그림이 찍히도록 합니다.
③ 키보드 방향키를 설정합니다. : [←] 왼쪽으로 회전, [→] 오른쪽으로 회전, [↑] 모양 크게, [↓] 모양 작게

• 예제 파일 : **정글.ent** • 완성 파일 : **정글(완성).ent**

X : 151.2, Y : -37.7

X : -185.4, Y : 106.3

동그라미를 그려요

● 그림판에서 '막대' 오브젝트를 만들어 봅니다.
● '막대' 오브젝트가 360°로 회전하며 동그라미를 그리도록 코딩합니다.

• 완성 파일 : **동그라미(완성).ent**

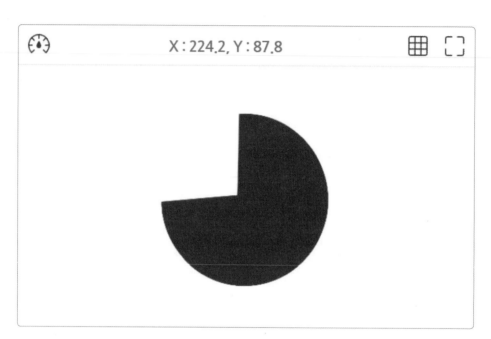

X : 224.2, Y : 87.8

 미션 문제 해결 과제

필요한 오브젝트	주요 명령 블록

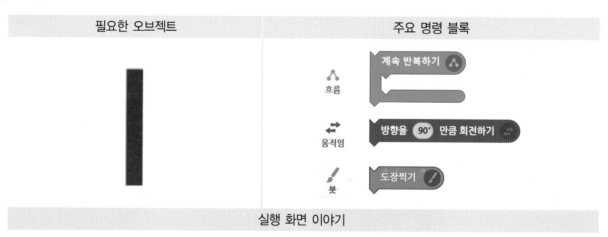

실행 화면 이야기

빨간색 막대가 원을 그립니다. 처음 시작한 위치는 0°이고요. 1°씩 움직여 360°도가 되면 원 모양이 만들어 집니다.

❶ [오브젝트 목록] 창에 있는 엔트리봇 오브젝트를 ⊠(삭제)하여 장면을 깨끗하게 합니다.

❷ ➕ 버튼을 클릭합니다. [오브젝트 추가하기] 창이 열리면 [새로 그리기] 탭에서 [이동하기]를 클릭합니다.

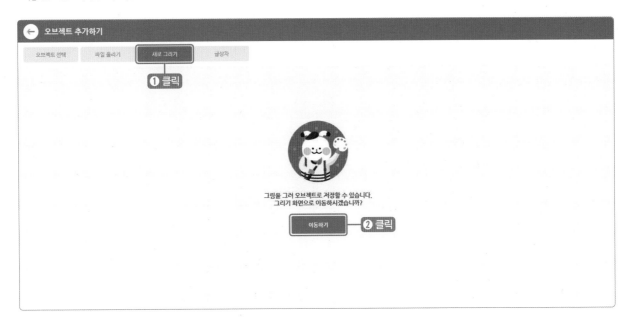

❸ 다음 그림과 같이 [그리기] 창이 열리면 [사각형] 모양을 클릭합니다. 하단에서 색깔을 선택한 후 막대 모양으로 그리기를 합니다.

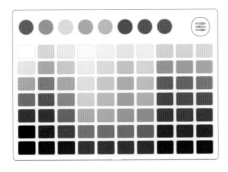

▲ 색깔을 선택할 수 있음.

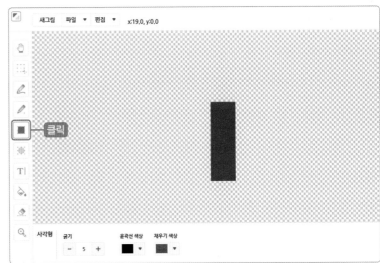

❹ 오브젝트 목록에서 막대의 위치를 'x : 0, y : 0'으로 합니다. 그리고 막대의 중심점 위치를 막대의 '맨 아래, 가운데'로 옮깁니다.

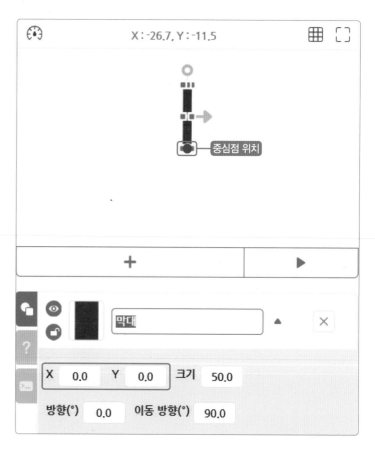

2 코딩하기

❶ '막대' 오브젝트가 가운데 위치하도록 [블록 조립소]에서 [시작]의 ▶ 시작하기 버튼을 클릭했을 때 와 [움직임]의 x: 0 y: 0 위치로 이동하기 를 순서대로 연결합니다.

❷ '막대' 오브젝트가 1°씩 360번 회전할 수 있도록 와  블록을 [블록 조립소]로 순서대로 연결합니다. 그리고 '360번 반복하기', '방향을 1°만큼 회전하기'로 변경합니다.

방향을 90° 만큼 회전하기 블록의 회전 도수(°)를 (+)값으로 입력하면 오른쪽으로, (−)값으로 입력하면 왼쪽으로 회전한답니다!

❸ '막대' 오브젝트가 회전하면서 장면에 찍힐 수 있도록 도장찍기 를 아래로 연결합니다.

예제 **1** 예제 파일을 불러와 다음의 조건에 맞게 코딩을 완성해 보세요.

조건
① '막대' 오브젝트가 회전하며 동그라미를 그립니다.
② '막대' 오브젝트가 회전할 때 색 효과를 냅니다. 색깔 ▼ 효과를 10 만큼 주기

• 예제 파일 : 색동그라미.ent   • 완성 파일 : 색동그라미(완성).ent

예제 **2** 예제 파일을 불러와 다음의 조건에 맞게 코딩을 완성해 보세요.

조건
① '동그라미' 오브젝트가 회전하며 동그라미를 그립니다.
② '동그라미' 오브젝트가 회전할 때 색 효과를 냅니다. 색깔 ▼ 효과를 10 만큼 주기

• 예제 파일 : 회전동그라미.ent   • 완성 파일 : 회전동그라미(완성).ent

도형 그리기

- '연필' 오브젝트를 통해 선 그리는 방법을 배웁니다.
- 여러 모양의 도형을 그리도록 코딩합니다.

• 완성 파일 : 삼각형(완성).ent, 사각형(완성).ent, 오각형(완성).ent

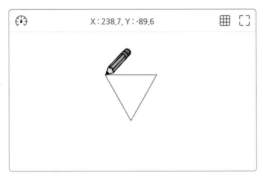

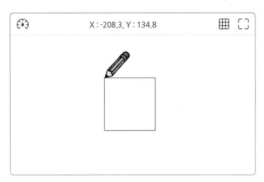

미션 문제 해결 과제

필요한 오브젝트	주요 명령 블록

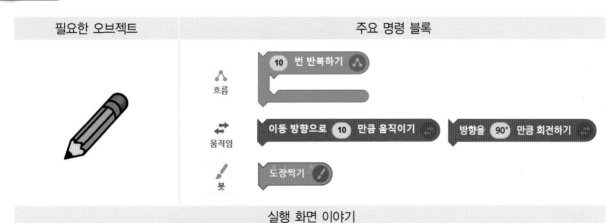

실행 화면 이야기

연필이 선을 그립니다. 선에 각을 더하여 삼각형, 사각형, 오각형 등 다양한 도형을 나타냅니다.

1　오브젝트 추가하기

❶ [오브젝트 목록] 창에 있는 엔트리봇 오브젝트를 ×(삭제)하여 장면을 깨끗하게 합니다.

❷ + 버튼을 클릭합니다. [오브젝트 추가하기] 창이 열리면 [검색] 칸에 '연필'이라고 입력하고, 키보드의 '엔터' 또는 '돋보기' 아이콘을 누릅니다. 그리고 '연필(1)'을 선택합니다.

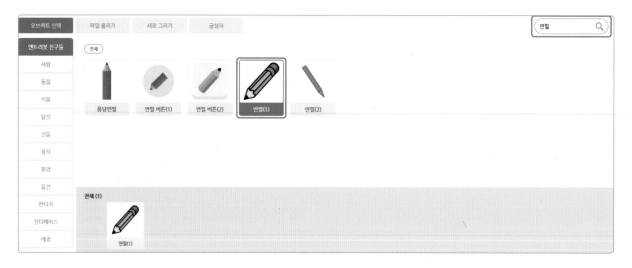

2　코딩하기

❶ 먼저, 삼각형을 만들어 봅니다. '연필(1)' 오브젝트의 중심점을 아래의 연필심 쪽으로 옮깁니다. 그리고 q▼ 키를 눌렀을 때 와 그리기 시작하기 명령 블록을 순서대로 연결합니다. 삼각형을 그리는 코딩을 하는 것이므로, 실행 작동 키를 '3 키를 눌렀을 때' 실행되도록 변경합니다.

❷ 삼각형은 같은 길이의 선을 3번 반복해서 나타내야 합니다. ![블록] 를 [블록 조립소] 로 드래그하여 연결합니다. 그리고 도형의 크기를 정하는 ![이동 방향으로 10 만큼 움직이기] 와 도형의 모양을 정하는 ![방향을 90° 만큼 회전하기] 를 순서대로 반복하기 명령 블록 안에 끼워 넣습니다. 도형의 모양을 결정하는 값을 **Tip** 내용을 참고하여, 다음 그림과 같이 변경합니다.

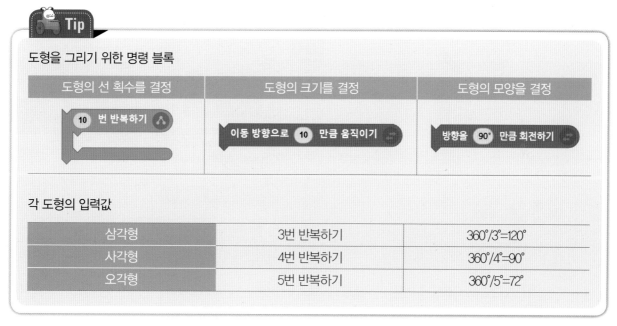

도형을 그리기 위한 명령 블록

도형의 선 횟수를 결정	도형의 크기를 결정	도형의 모양을 결정
10 번 반복하기	이동 방향으로 10 만큼 움직이기	방향을 90° 만큼 회전하기

각 도형의 입력값

삼각형	3번 반복하기	360°/3°=120°
사각형	4번 반복하기	360°/4°=90°
오각형	5번 반복하기	360°/5°=72°

❸ 위와 같은 방법으로 사각형을 만들어 봅니다.

※ 위의 Tip 내용을 활용하여 코딩합니다.

❹ 위와 같은 방법으로 오각형을 만들어 봅니다.

※ 위의 Tip 내용을 활용하여 코딩합니다.

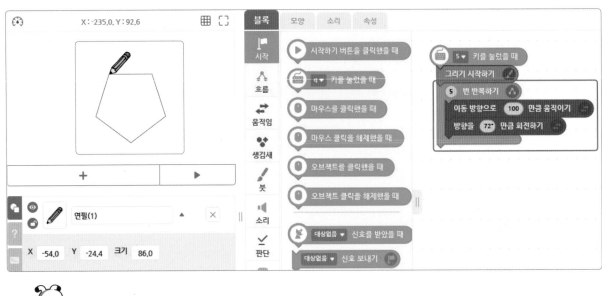

이동 방향으로 10 만큼 움직이기 블록은 도형의 크기를 나타내는 값입니다. 입력값을 '20, 50' 등으로 변경하여 실행해 보세요!

더 만들어 보기

예제 **1** 예제 파일을 불러와 다음의 조건에 맞게 코딩을 완성해 보세요.

조건

① '연필(1)' 오브젝트가 '6 키를 눌렀을 때' 육각형을 그립니다.

② '연필(1)' 오브젝트가 육각형을 파란색으로 그립니다. 붓의 색을 ▨ (으)로 정하기

③ '연필(1)' 오브젝트가 선을 굵게 하여 그립니다. 붓의 굵기를 ① (으)로 정하기

• 예제 파일 : **육각형.ent** • 완성 파일 : **육각형(완성).ent**

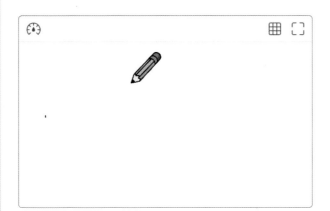

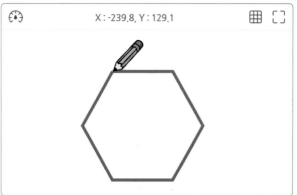

예제 **2** 예제 파일을 불러와 다음의 조건에 맞게 코딩을 완성해 보세요.

조건

① 시작할 때 '연필(1)' 오브젝트가 보이지 않게 숨깁니다.

② '연필(1)' 오브젝트가 삼각형을 그립니다.

③ 삼각형이 10번 반복하며, 80°만큼 회전합니다.

• 예제 파일 : **꽃그리기.ent** • 완성 파일 : **꽃그리기(완성).ent**

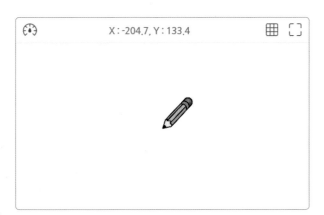

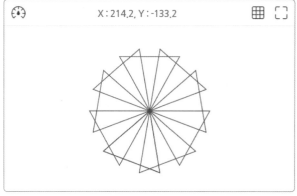

Chapter 16

즐거운 코딩 ②

다음의 조건을 이용해 코딩을 완성해 보세요.

조건
① '연필(1)' 오브젝트가 벽에 닿을 때까지 꽃을 그립니다.

② '막대' 오브젝트가 1°씩 회전하며 '해(동그라미)'를 그립니다.

③ '들꽃(노랑)' 오브젝트가 색깔을 바꾸어 가며 도장 찍기를 합니다.

• 예제 파일 : 꽃골짜기.ent   • 완성 파일 : 꽃골짜기(완성).ent

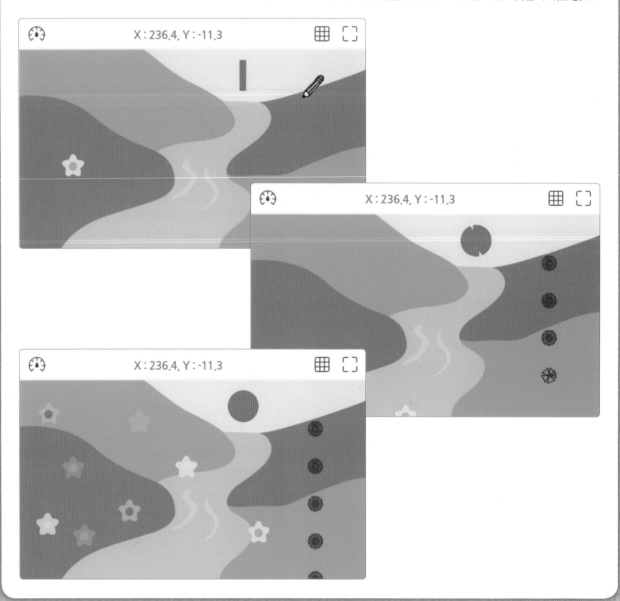

하늘에서 과일이 내려와요

● 오브젝트가 무작위 위치에서 내려오는 방법을 배웁니다.

● 오브젝트가 좌우로 이동할 때, 이동 방향을 바라보며 움직이는 방법을 배웁니다.

● 특정 오브젝트에 닿으면 모양을 숨겨 사라지게 하는 게임을 만들어 봅니다.

• 예제 파일 : **과일받기.ent** • 완성 파일 : **과일받기(완성).ent**

X : 236.4, Y : -11.3

미션 문제 해결 과제

필요한 오브젝트	주요 명령 블록

시작
> q▼ 키를 눌렀을 때

움직임
> x 좌표를 10 만큼 바꾸기
> 이동 방향을 90° (으)로 정하기

계산
> 0 부터 10 사이의 무작위 수

판단
> 마우스포인터▼ 에 닿았는가?

실행 화면 이야기

난쟁이 마을에 신기한 일이 생겼어요. 먹고 싶은 과일을 생각하면, 그 과일이 하늘에서 내려오고 있어요. 난쟁이가 손으로 과일을 받으면 과일이 사라지는 게임을 나타낸 장면이에요.

❶ '과일받기.ent' 예제 파일을 불러옵니다. '난쟁이(3)' 오브젝트를 선택하고 **[시작]**의 〈 q▼ 키를 눌렀을 때 〉와 **[움직임]**의 〈 x 좌표를 10 만큼 바꾸기 〉, 〈 이동 방향을 90° (으)로 정하기 〉를 [블록 조립소]에 순서대로 연결합니다. 그리고 다음 그림과 같이 '오른쪽 화살표 키를 눌렀을 때'로 변경합니다.

❷ ①의 블록을 복사하여 붙여 넣습니다. '왼쪽 화살표 키를 눌렀을 때', 'x좌표를 −10만큼 바꾸기'로 변경합니다. 그리고 오브젝트가 왼쪽 방향으로 이동할 때, 왼쪽 방향을 볼 수 있도록 '이동 방향을 270°로 정하기'로 변경합니다.

❸ '복숭아' 오브젝트를 선택합니다. [시작]의 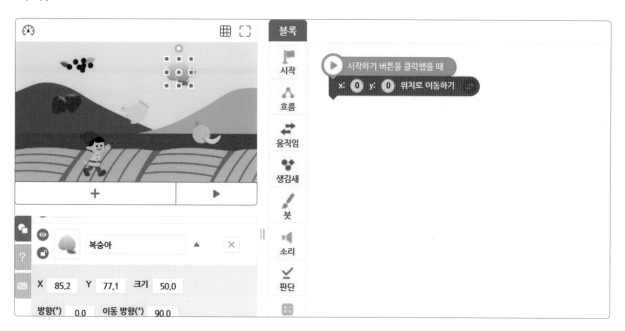 와 복숭아가 내려올 위치를 정하기 위해 [움직임]의 `x: 0 y: 0 위치로 이동하기` 를 [블록 조립소]로 드래그하여 순서대로 연결합니다.

❹ [계산]의 `0 부터 10 사이의 무작위 수` 블록을 x 칸에 끼워 넣고, 다음 그림과 같이 '−240부터 240 사이의 무작위 수'로 변경합니다. 그리고 과일이 장면의 제일 위에서 내려오도록 y의 위치를 '150'으로 변경합니다.

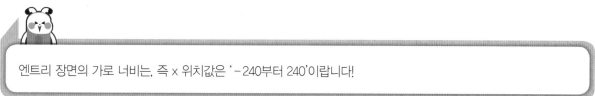

엔트리 장면의 가로 너비는, 즉 x 위치값은 '−240부터 240'이랍니다!

❺ '복숭아' 오브젝트가 계속 반복하여 움직일 수 있도록 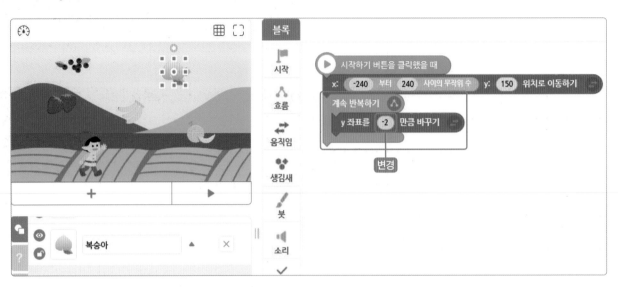 명령 블록을 연결하고, 복숭아 오브젝트의 내려오는 속도값을 지정하기 위해 [y 좌표를 10 만큼 바꾸기]를 끼워 넣습니다. 그리고 y좌표를 '–2만큼 바꾸기'로 변경합니다.

❻ '복숭아' 오브젝트가 '난쟁이(3)' 오브젝트에 닿으면 사라질 수 있게 [만일 참 이라면] 블록을 연결하고 [마우스포인터 ▼ 에 닿았는가?]를 끼워 넣습니다. 그리고 다음 그림과 같이 '난쟁이(3)'에 닿았는가?로 변경합니다.

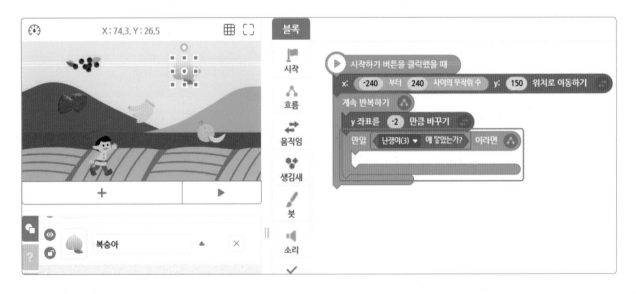

❼ 마지막으로 모양 숨기기 를 끼워 넣습니다. 그리고 전체를 [코드 복사]합니다.

❽ ⑦에서 복사한 코드를 '블루베리, 멜론, 딸기, 바나나(1)' 오브젝트에 [붙여 넣기]합니다. 이때, 과일을 기다렸다가 내려오게 하면 떨어지는 순서를 다르게 할 수 있으므로 2 초 기다리기 명령 블록을 추가하기도 합니다.

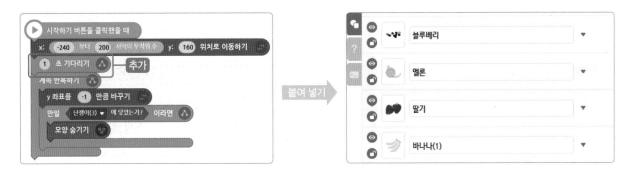

과일이 내려오는 위치 지정	x: 0 y: 0 위치로 이동하기
	0 부터 10 사이의 무작위 수
과일이 내려오는 속도 지정	y 좌표를 10 만큼 바꾸기

더 만들어 보기

예제 1 예제 파일을 불러와 다음의 조건에 맞게 코딩을 완성해 보세요.

조건
① '거북이' 오브젝트가 좌우로 움직이며 '박쥐' 오브젝트를 피합니다.
② '박쥐' 오브젝트가 위에서 아래로 내려옵니다.
③ '거북이' 오브젝트가 '박쥐' 오브젝트에 닿으면 사라집니다.

• 예제 파일 : 위험한 거북.ent • 완성 파일 : 위험한 거북(완성).ent

예제 2 예제 파일을 불러와 다음의 조건에 맞게 코딩을 완성해 보세요.

조건
① '전투기' 오브젝트가 상하로 움직이며 '노란 새' 오브젝트를 피합니다.
② '노란 새' 오브젝트가 모양을 바꾸며 왼쪽 방향으로 움직입니다.
③ '전투기' 오브젝트가 '노란 새' 오브젝트에 닿으면 장면이 정지됩니다. 모든 ▼ 코드 멈추기

• 예제 파일 : 새 피하기.ent • 완성 파일 : 새 피하기(완성).ent

'과일받기 게임'에 소리가 필요해요

학습목표

● 완성된 '과일받기 게임'에 소리를 넣는 방법을 배웁니다.
● 오브젝트가 사라지거나 특정 오브젝트와 닿을 때에 맞추어 소리가 나도록 코딩합니다.

• 예제 파일 : **과일받기(완성).ent** • 완성 파일 : **먹는 소리넣기(완성).ent**

 미션 문제 해결 과제

필요한 소리	주요 명령 블록

실행 화면 이야기

우리가 'Chapter 17'에서 함께 만들어 본 난쟁이가 손으로 과일을 받으면 과일이 사라지는 게임이에요. 더하여 과일이 사라질 때마다 "아삭" 하고 베어무는 소리가 들어가 있는 장면이에요.

❶ '과일받기(완성).ent' 예제 파일을 불러옵니다. '복숭아' 오브젝트를 선택하고 [소리]−[소리 추가하기]를 클릭합니다.

❷ [소리 추가하기] 창이 열리면 [사람]에서 '베어무는 소리2'를 선택합니다. 그리고 [추가하기]를 클릭합니다.

❸ [소리]에서 `소리 베어무는 소리2 ▼ 재생하기`를 [블록 조립소]로 드래그하여 `모양 숨기기` 아래로 연결합니다.

❹ ①~③에서 '소리 추가하기' 하여 완성된 코드를 '블루베리, 멜론, 딸기, 바나나(1)' 오브젝트에 똑같이 [붙여 넣기]합니다.

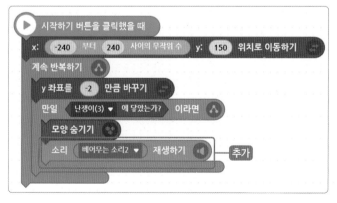

더 만들어 보기

예제 **1** 예제 파일을 불러와 다음의 조건을 추가하여 코딩을 완성해 보세요.

조건
① 배경인 '노을 무덤' 오브젝트에서 '고요한 바람소리'가 납니다.
② '거북이' 오브젝트가 '박쥐' 오브젝트에 닿으면 '남자 비명' 소리가 납니다.

• 예제 파일 : 위험한 거북(완성).ent　• 완성 파일 : 비명 소리넣기(완성).ent

예제 **2** 예제 파일을 불러와 다음의 조건을 추가하여 코딩을 완성해 보세요.

조건
'전투기' 오브젝트가 '노란 새' 오브젝트에 닿으면 '폭탄 폭발' 소리가 납니다.

• 예제 파일 : 새 피하기(완성).ent　• 완성 파일 : 폭발 소리넣기(완성).ent

Chapter 19

도레미 ♪~ 피아노를 연주해요

● '피아노 배경', '건반' 오브젝트를 이용하여 피아노 건반을 만들어 봅니다.
● 피아노 건반을 누르면 피아노 소리가 나도록 코딩합니다.

• 완성 파일 : 도레미(완성).ent

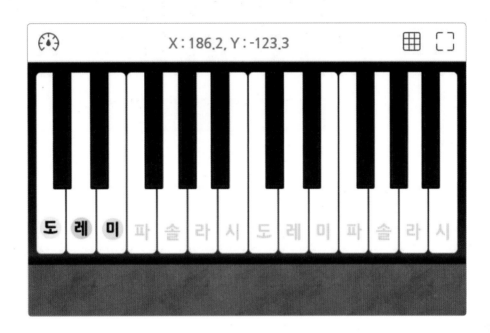

미션 문제 해결 과제

필요한 오브젝트	주요 명령 블록

소리
- 소리 `피아노_04도 ▼` 재생하기
- 소리 `피아노_05레 ▼` 재생하기
- 소리 `피아노_06미 ▼` 재생하기

생김새
- 크기를 `10` 만큼 바꾸기
- `색깔 ▼` 효과를 `10` 만큼 주기

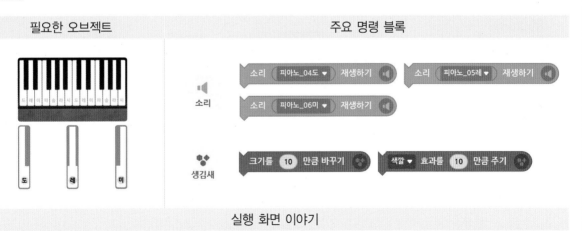

실행 화면 이야기

여러분! 피아노를 연주해 본 적이 있나요? 직접 피아노를 만들어 본 적은요? 코딩을 통해 피아노 건반을 누르면 소리가 나도록 만들 수 있어요. 일단 간단하게 '도, 레, 미'만 만들어 봤어요. '도'는 '하얀 도라지~', '레'는 '둥근 레코드~' 〈도레미 송〉이 생각나는 장면이에요.

❶ [오브젝트 목록] 창에 있는 엔트리봇 오브젝트를 ☒(삭제)하여 장면을 깨끗하게 합니다.

❷ ➕ 버튼을 클릭합니다. [오브젝트 추가하기] 창이 열리면 [배경]–[기타]에서 '피아노 배경', [물건]–[취미]에서 '피아노 건반'을 선택합니다. 그리고 '피아노 건반' 오브젝트를 '피아노 배경' 오브젝트의 위치와 크기에 맞게 조절합니다.

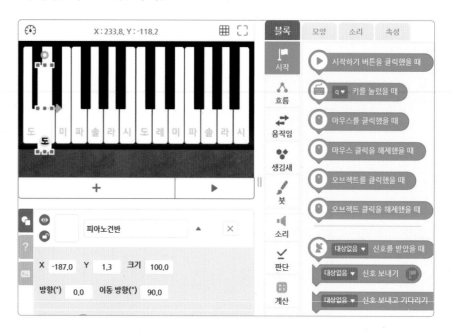

❸ '피아노 건반' 오브젝트를 선택합니다. [소리] 탭의 [소리 추가하기]를 클릭하여 창이 열리면, [악기]–[피아노]에서 '피아노_04도'를 선택하고 [추가하기]를 클릭합니다.

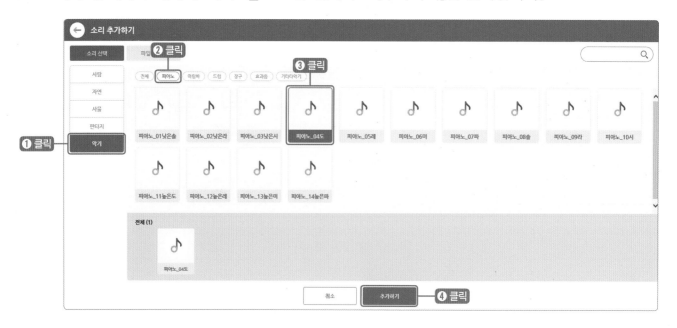

❶ '피아노 건반' 오브젝트에 음정이 만들어 지도록 [**시작**]의 ⟨오브젝트를 클릭했을 때⟩와 [**소리**]의 ⟨소리 피아노_04도 ▼ 재생하기⟩를 [블록 조립소]로 드래그하여 순서대로 연결합니다.

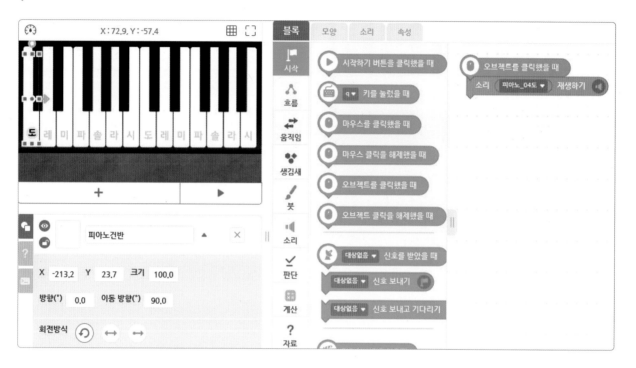

❷ '피아노 건반' 오브젝트를 눌렀을 때, 크기와 색깔이 변하도록 다음 그림과 같이 [**생김새**]의 ⟨크기를 10 만큼 바꾸기⟩와 ⟨색깔 ▼ 효과를 10 만큼 주기⟩를 순서대로 연결합니다.

❸ ②에서의 크기와 색깔 효과가 0.3초 동안 유지되도록 [흐름]의 ⟨2 초 기다리기⟩ 블록을 연결한 후, '0.3'으로 변경합니다. '소리'가 멈추면 크기와 색이 원래대로 돌아갈 수 있도록 순서대로 ⟨크기를 10 만큼 바꾸기⟩, ⟨색깔▾ 효과를 10 만큼 주기⟩ 블록을 연결하고 값을 각각 '−10'으로 변경합니다.

❹ '도' 소리의 건반이 완성되면 복제하여 '레' 건반을 코딩합니다. 오브젝트 목록의 '피아노 건반' 오브젝트에서 오른쪽 마우스 버튼을 클릭하여 [복제]를 선택합니다.

❺ 복제한 '피아노건반' 오브젝트를 배경의 '레' 위치로 이동시키고, [모양] 탭을 클릭합니다.
2번 목록의 '피아노건반_ 레'를 선택하여 오브젝트 모양이 '레'로 변경되도록 합니다.

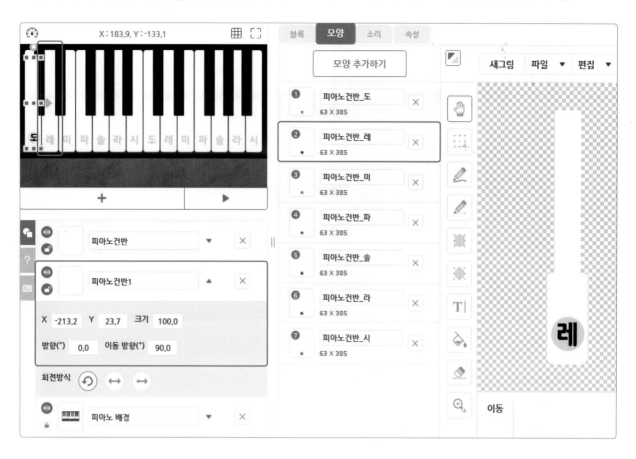

❻ [소리] 탭으로 이동하여 [소리 추가하기]를 클릭하고 '피아노_05레'를 추가한 후 '피아노_04도'를 삭제합니다.

❼ '도' 건반과 색깔 효과를 다르게 하기 위해 색깔 효과를 '20'과 '−20'으로 순서대로 변경합니다.

❽ ④~⑦과 같은 방법으로 '미' 건반을 코딩하고, 다음 그림처럼 오브젝트 이름을 각각 '도', '레', '미'로 변경합니다.

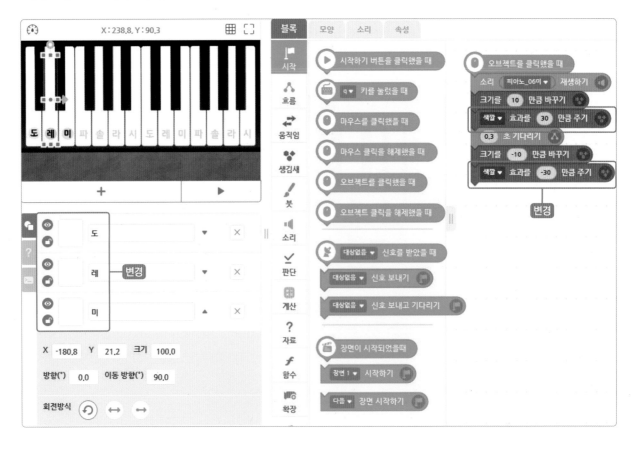

Chapter 19 | 더 만들어 보기

예제 1 예제 파일을 불러와 다음의 조건에 맞게 코딩을 완성해 보세요.

조건
① '피아노건반', '피아노 배경' 오브젝트를 이용하여 '도~높은 도' 소리가 나는 건반을 만듭니다.
② '도~높은 도' 오브젝트를 누를 때마다 크기와 색이 바뀌도록 합니다.

• 예제 파일 : **피아노.ent** • 완성 파일 : **피아노(완성).ent**

 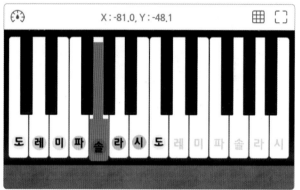

예제 2 예제 파일을 불러와 다음의 조건에 맞게 코딩을 완성해 보세요.

조건
① '도~시'까지의 오브젝트를 누르면 각각의 음에 맞게 '마림바' 소리를 냅니다.
② '도~시'를 누를 때마다 크기와 색이 바뀌도록 합니다.

• 예제 파일 : **마림바.ent** • 완성 파일 : **마림바(완성).ent**

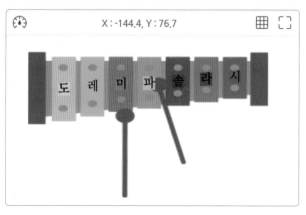 

※ 코딩이 완료되면, 〈똑같아요〉 악보를 보고 마림바 연주를 합니다.

우주정거장 탐색

● 오브젝트가 일정 거리를 두고 마우스포인터를 따라 움직이는 방법을 배웁니다.

● 오브젝트가 판단에 맞게 마우스포인터를 따라 움직일 수 있도록 코딩합니다.

• 완성 파일 : **우주선(완성).ent**

X : 137.8, Y : -37.5

미션 문제 해결 과제

필요한 오브젝트	주요 명령 블록

흐름 만일 참 이라면

판단 10 > 10

계산 로켓(2) ▼ 까지의 거리

움직임 로켓(2) ▼ 쪽 바라보기

실행 화면 이야기

우주 탐색선이 우주정거장 근처를 탐색하고 있습니다. 혹시 우주에서 둥둥 헤엄치듯 떠다니는 우주인을 본 적이 있나요? 우주 공간은 중력이 없는 무중력 상태라서 그렇다고 해요. 우주선 또한 엔진을 켜지 않아도 둥둥 떠다니며 우주 비행을 할 수 있어요. 우주 공간에서 마우스포인터를 따라 비행하는 장면이에요.

1 오브젝트 추가하기

❶ [오브젝트 목록] 창에 있는 엔트리봇 오브젝트를 ⨉(삭제)하여 장면을 깨끗하게 합니다.

❷ ➕ 버튼을 클릭합니다. [오브젝트 추가하기] 창이 열리면 [탈것]-[하늘]에서 '로켓(2)', [배경]-[자연]에서 '우주정거장'을 선택하여 추가합니다.

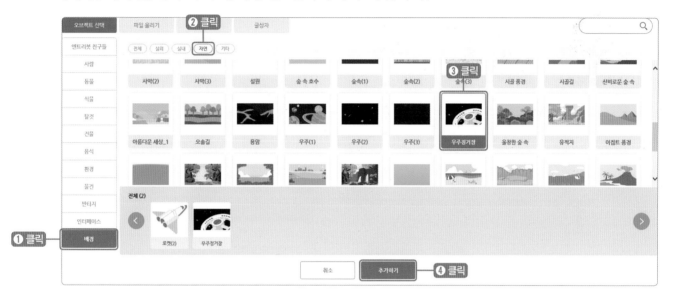

2 코딩하기

❶ '로켓(2)' 오브젝트가 멈추지 않고 계속 움직일 수 있도록 [시작]의 ⏵시작하기 버튼을 클릭했을 때 와 [흐름]의 계속 반복하기 ◠ 를 [블록 조립소]로 드래그하여 순서대로 연결합니다.

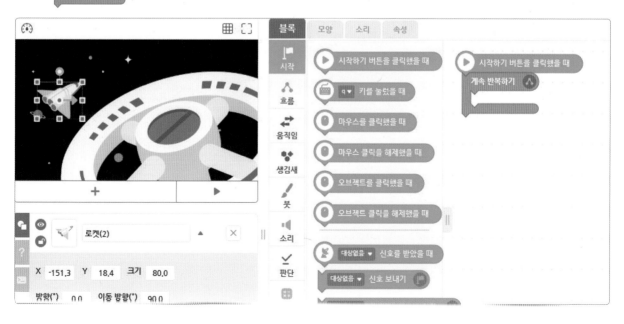

❷ '로켓(2)' 오브젝트가 마우스포인터를 따라다닐 때의 사이 간격을 설정하기 위해 [흐름]의
만일 참 이라면 조건 명령 블록을 끼워 조립합니다.

❸ '참' 칸에 [판단]의 10 > 10 를 끼워 넣습니다. 여기에 [계산]의 로켓(2) 까지의 거리 블록을
왼쪽 칸에 다시 끼워 넣은 후, '마우스포인터까지의 거리 > 5'로 변경합니다.

❹ '로켓(2)' 오브젝트가 마우스 쪽을 보게 하기 위해 **[움직임]**의 로켓(2) ▼ 쪽 바라보기 를 아래로 연결합니다. 그리고 '마우스포인터 쪽 바라보기'로 변경합니다.

❺ 마지막으로 '로켓(2)' 오브젝트가 마우스포인터를 따라 움직이는 속도를 정하기 위해 **[움직임]**의 이동 방향으로 10 만큼 움직이기 명령 블록을 연결합니다. 그리고 입력값을 '2'로 변경합니다.

이동 방향으로 10 만큼 움직이기 의 입력값이 커질수록 오브젝트의 움직이는 속도가 빨라져요!

예제 **1** 예제 파일을 불러와 다음의 조건에 맞게 코딩을 완성해 보세요.

조건
① '용' 오브젝트가 마우스포인터를 따라 움직입니다.
② '용' 오브젝트가 회전하지 않고, 마우스포인터를 따라 움직입니다.

• 예제 파일 : **용.ent** • 완성 파일 : **용(완성).ent**

예제 **2** 예제 파일을 불러와 다음의 조건에 맞게 코딩을 완성해 보세요.

조건
① '고추잠자리' 오브젝트가 날개를 움직이는 모양을 합니다.
② '고추잠자리' 오브젝트가 회전하지 않고, 마우스포인터를 따라 움직입니다.

• 예제 파일 : **고추잠자리.ent** • 완성 파일 : **고추잠자리(완성).ent**

 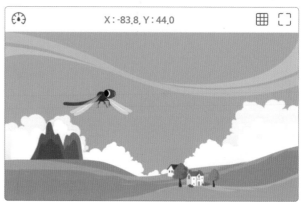

Chapter 21

지각이다! 뛰어가자!

학습목표

● 초시계를 숨기는 방법과 활용하는 방법을 배웁니다.
● 오브젝트가 뛰어가다가 멈추기까지의 초 시간을 말하도록 코딩합니다.

• 예제 파일 : 달리기.ent • 완성 파일 : 달리기(완성).ent

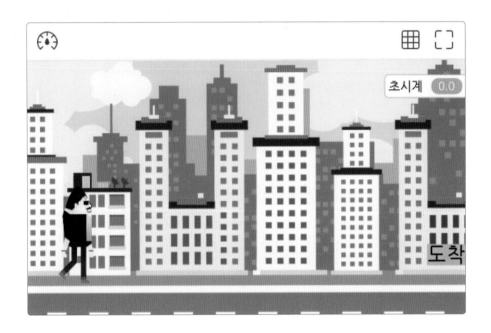

미션 문제 해결 과제

필요한 오브젝트	주요 명령 블록

실행 화면 이야기

무슨 일인 걸까요? 한 사람이 뛰어가고 있습니다. 이런! 출근 중인데, 출근 시간까지 2분밖에 안 남았네요. 열심히 뛰어서 2분 안에 회사에 도착하면 지각하지 않을 수 있겠죠? 열심히 뛰어가다가 도착하면 '초시간'을 말해 주는 장면이에요.

❶ '달리기.ent' 예제 파일을 불러옵니다. '뛰는 사람' 오브젝트가 뛰기 시작할 때, 장면의 초시계를 숨기기 위해 [**시작**]의 ⊙ 시작하기 버튼을 클릭했을 때 와 [**계산**]의 초시계 숨기기 ▼ ⊞ 를 [블록 조립소]로 드래그하여 순서대로 연결합니다.

❷ 초시계는 장면에 보이지 않지만, 초를 잴 수 있도록 [**계산**]의 초시계 시작하기 ▼ ⊞ 를 이어서 연결합니다.

❸ 달리는 모양과 달리는 속도를 지정하기 위해 [흐름]의 ⟨계속 반복하기⟩ 블록 안에 [생김새]의 ⟨다음▼ 모양으로 바꾸기⟩, [움직임]의 ⟨이동 방향으로 10 만큼 움직이기⟩ 블록을 끼워 넣습니다. 그리고 다음 그림과 같이 '이동 방향으로 1만큼 움직이기'로 변경합니다.

❹ '뛰는 사람' 오브젝트가 뛰어가다가 벽에 닿으면 정지할 수 있도록 합니다. [흐름]의 ⟨만일 참 이라면⟩을 연결하고, [판단]의 ⟨마우스포인터▼ 에 닿았는가?⟩를 '참' 칸에 끼워 넣습니다. 이어서 아래에 [계산]의 ⟨초시계 시작하기▼⟩를 연결합니다. 그리고 '벽에 닿았는가', '초시계 정지하기'로 변경합니다.

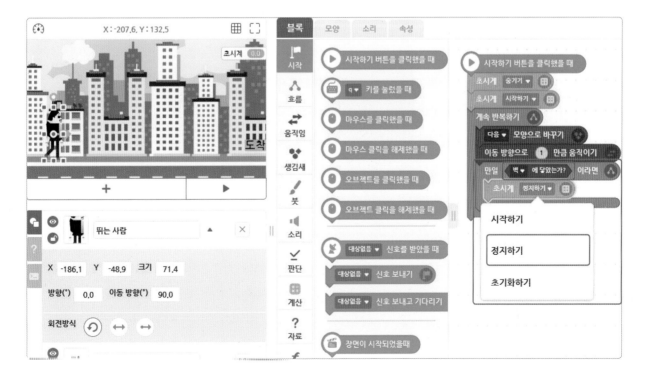

❺ 초시계가 정지하면서 초시계값을 말할 수 있도록 [생김새]의 ⬤안녕! 을(를) 4 초 동안 말하기 ▾⬤ 블록을 연결하고, [계산]의 ⬤안녕! 과(와) 엔트리 를 합치기⬤ 를 '안녕' 칸에 끼워 넣습니다. 그리고 다시 ⬤초시계 값⬤ 블록을 왼쪽 '안녕' 칸에 넣고, 오른쪽 '엔트리' 칸에 '초입니다.'를 입력하여 변경합니다.

❻ 초시계값을 말하면서 동작이 멈출 수 있도록 [흐름]의 ⬤모든 ▾ 코드 멈추기 ⬤ 를 제일 아래로 연결합니다.

Chapter 21 더 만들어 보기

예제 **1** 예제 파일을 불러와 다음의 조건을 추가하여 코딩을 완성해 보세요.

조건
① 초시계가 장면에 보입니다.
② '거북이' 오브젝트가 '나가기' 오브젝트에 닿으면 초시계가 멈춥니다.

• 예제 파일 : 독거미 미로(완성).ent   • 완성 파일 : 초시계독거미(완성).ent

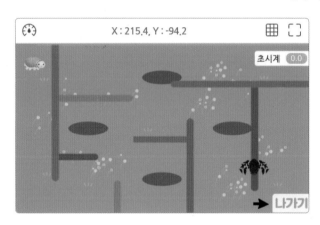 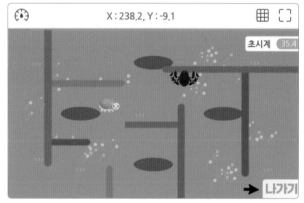

예제 **2** 예제 파일을 불러와 다음의 조건을 추가하여 코딩을 완성해 보세요.

조건
① 초시계가 장면에 보입니다.
② '로봇 고양이' 오브젝트가 '사이렌' 오브젝트에 닿으면 초시계가 멈춥니다.
③ '로봇 고양이' 오브젝트가 '사이렌' 오브젝트에 닿으면 '사이렌' 오브젝트의 색깔이 변합니다.

• 예제 파일 : 우주미로(완성).ent   • 완성 파일 : 초시계고양이(완성).ent

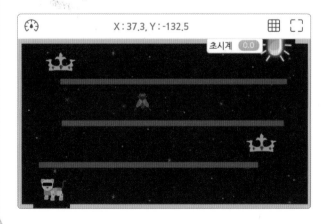 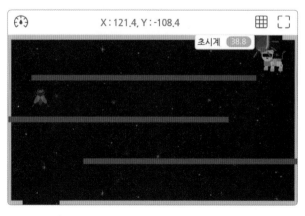

Chapter 22

해적선 쏘기 게임

학습목표

● 과녁을 만드는 방법을 배웁니다.
● 움직이는 '해적선' 오브젝트를 조준하여 총알을 쏘는 게임을 코딩합니다.

• 예제 파일 : 해적선.ent   • 완성 파일 : 해적선(완성).ent

 문제 해결 과제

필요한 오브젝트	주요 명령 블록

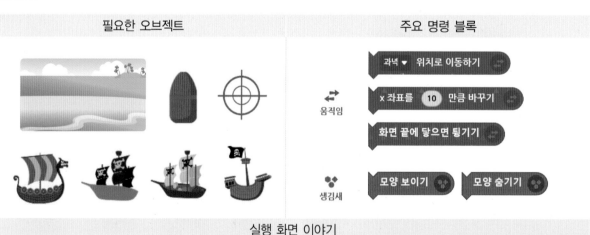

실행 화면 이야기

사람들이 해수욕을 즐기고 있는 해변가에 해적선 4대가 나타났어요. 해적들이 해변으로 와서 사람들에게 피해를 입힐까 봐 걱정이에요. 이때 신고를 받은 해군이 나타났습니다. 과녁을 조준하여 해적선에 총알을 쏘는 게임이에요.

❶ '해적선.ent' 예제 파일을 불러옵니다. '과녁' 오브젝트를 선택하고 [시작]의 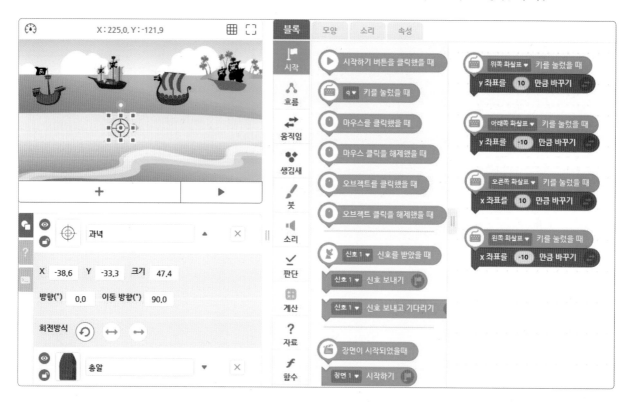 와 [움직임]의 `x 좌표를 10 만큼 바꾸기`, `y 좌표를 10 만큼 바꾸기`를 [블록 조립소]로 드래그합니다. 그리고 키보드의 상하좌우 방향키로 움직일 수 있도록 다음 그림과 같이 코딩합니다.

❷ '총알' 오브젝트가 '과녁' 오브젝트와 함께 움직이도록 다음 그림과 같이 블록을 조립합니다.

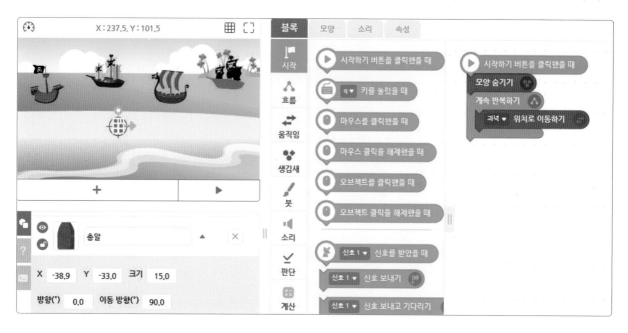

❸ '총알' 오브젝트가 키보드의 '스페이스 키'를 눌렀을 때 '0.1'초 동안 발사되도록 다음 그림과 같이 블록을 조립합니다.

❹ '해적선(1)' 오브젝트가 이동 방향으로 이동하다가 벽에 닿으면 튕겨 반대 방향으로 이동할 수 있도록 다음 그림과 같이 블록을 조립합니다.

이동 방향으로 0 부터 1 사이의 무작위 수 만큼 움직이기 블록의 사이값이 클수록 해적선이 빠르게 움직인답니다!

❺ '해적선(1)' 오브젝트가 '총알' 오브젝트에 닿으면 모양을 숨기도록 다음 그림과 같이 블록을
연결합니다. 그리고 오브젝트 목록에서 회전방식을 '좌우 회전'으로 변경합니다.

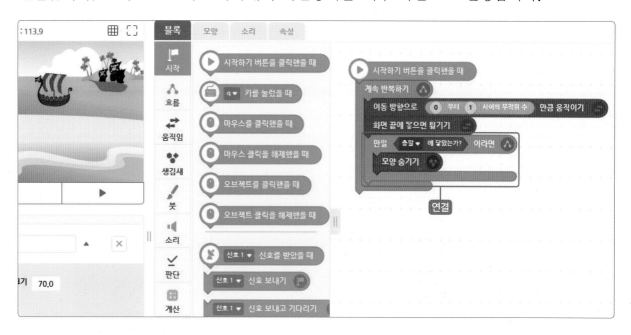

❻ '해적선(1)' 오브젝트의 코딩을 복사하여 '해적선(2)', '해적선(3)', '해적선(4)'에 붙여 넣기
합니다.

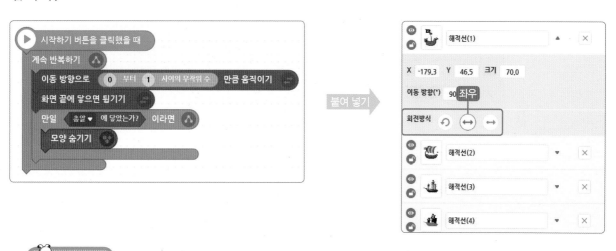

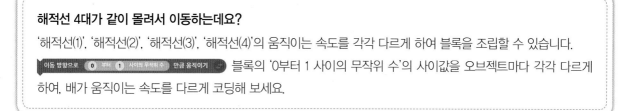

해적선 4대가 같이 몰려서 이동하는데요?
'해적선(1)', '해적선(2)', '해적선(3)', '해적선(4)'의 움직이는 속도를 각각 다르게 하여 블록을 조립할 수 있습니다.
이동 방향으로 `0` 부터 `1` 사이의 무작위 수 만큼 움직이기 블록의 '0부터 1 사이의 무작위 수'의 사이값을 오브젝트마다 각각 다르게
하여, 배가 움직이는 속도를 다르게 코딩해 보세요.

폭탄 피하기 게임

● 오브젝트를 계속 반복하여 복제하는 방법을 배웁니다.
● '폭탄' 오브젝트가 '전투기' 오브젝트 쪽을 보며 좌표값 조건에 따라 이동할 수 있도록 코딩합니다.

• 예제 파일 : **폭탄.ent**   • 완성 파일 : **폭탄(완성).ent**

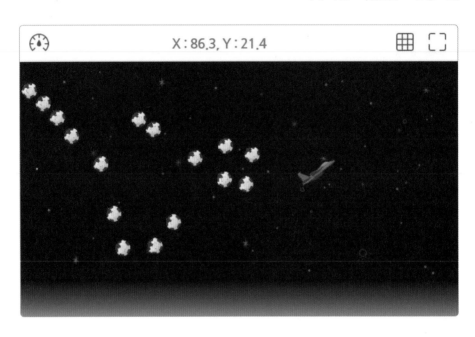

X : 86.3, Y : 21.4

 미션 문제 해결 과제

필요한 오브젝트	주요 명령 블록

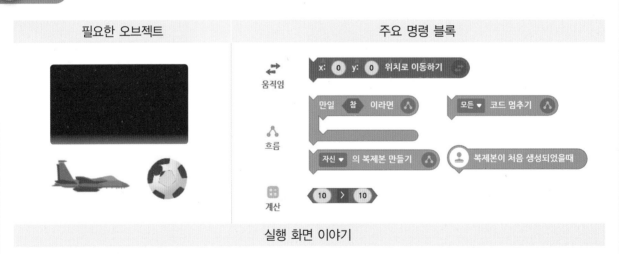

실행 화면 이야기

전투기가 밤하늘을 비행하고 있습니다. 그런데 폭탄으로 의심되는 물체가 전투기를 따라옵니다. 특수 훈련을 받은 조종사라면 충분히 폭탄을 피할 수 있을 거예요. 여러분이 조종사가 되어 폭탄을 피해 보세요. 따라다니는 폭탄을 피하는 게임이에요.

❶ '폭탄.ent' 예제 파일을 불러옵니다. '폭탄' 오브젝트를 선택하고 계속 반복하여 복제본을 만들 수 있도록 다음 그림과 같이 블록을 조립합니다.

❷ '폭탄' 오브젝트가 복제되면 모양이 보이도록 다음 그림과 같이 추가로 코딩합니다.

❸ '폭탄' 오브젝트가 지정된 위치에서 출발하여 '전투기' 오브젝트를 바라보며 따라서 이동할 수 있도록 다음 그림과 같이 명령 블록을 연결합니다. 그리고 코드의 입력값을 'x : -230, y : -130부터 130 사이의 무작위 수로 이동하기', '전투기 쪽 바라보기'로 변경합니다.

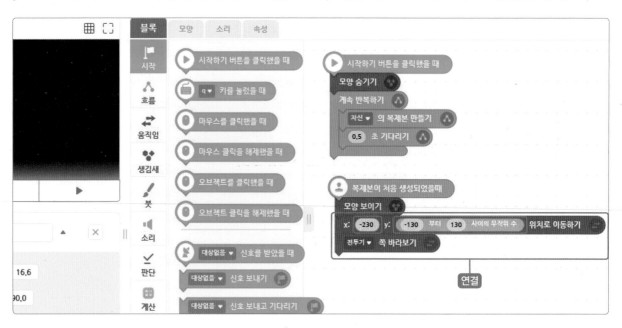

❹ '폭탄'이 벽에 닿을 때까지 반복하도록 [흐름]의 반복하기 와 [움직임]의 전투기 쪽 바라보기 를 순서대로 연결합니다. 그리고 다음 그림과 같이 '벽에 닿았는가?'로 변경합니다.

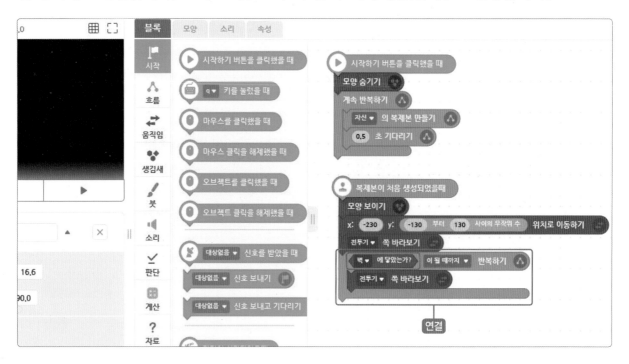

❺ '폭탄' 오브젝트의 x 좌표값이 '전투기' 오브젝트의 x 좌표값보다 작을 때와 그렇지 않을 때의 조건 명령을 조립하기 위해 [흐름]의 블록을 아래로 연결합니다.

❻ [판단]의 블록을 '참' 칸에 끼워 넣습니다. 그리고 [계산]의 블록을 양쪽에 끼워 넣고, 보다 큰 쪽의 코드를 '전투기의 x좌표값'으로 변경합니다.

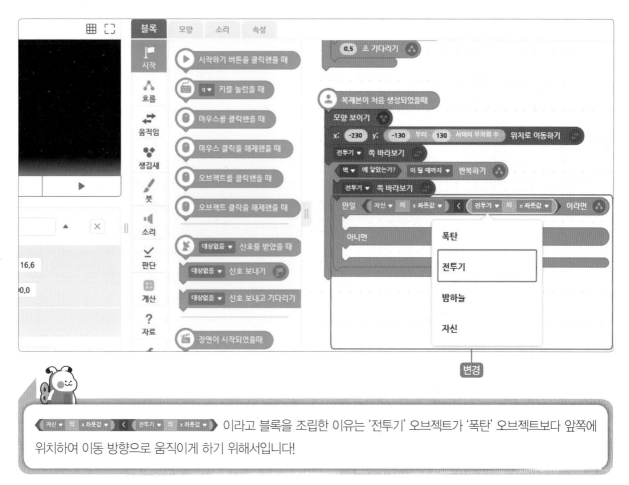

이라고 블록을 조립한 이유는 '전투기' 오브젝트가 '폭탄' 오브젝트보다 앞쪽에 위치하여 이동 방향으로 움직이게 하기 위해서입니다!

❼ '폭탄' 오브젝트가 '전투기' 오브젝트보다 작으면, 즉 폭탄이 전투기를 따라 이동하게 되면 '0.5만큼' 움직이고 그렇지 않으면 '90° 방향'으로 'x좌표를 1만큼' 바꿀 수 있게 블록을 조립합니다.

❽ '폭탄' 오브젝트가 벽에 닿으면 사라지도록 [흐름]의 이 복제본 삭제하기 를 다음 그림과 같이 연결합니다.

❾ '전투기' 오브젝트를 선택합니다. 시작했을 때의 위치와 방향을 정하기 위해 다음 그림과 같이 블록을 조립합니다.

❿ 마우스포인터까지의 거리 조건값을 유지할 수 있도록 다음 그림과 같이 블록을 연결합니다.

Tip

[만일 '참'이면] 블록에 끼워 넣기 순서

1. [판단]의 (10 > 10) 를 넣습니다.

2. [계산]의 (마우스포인터 ▼ 까지의 거리)를 큰 쪽(왼쪽)에 끼워 넣습니다.

⑪ '전투기' 오브젝트가 마우스포인터를 기준으로 따라다니며 이동할 수 있도록 다음 그림과 같이 블록을 연결합니다.

⑫ 마지막으로 '전투기' 오브젝트가 '폭탄'에 닿으면 멈출 수 있도록 다음 그림과 같이 블록을 연결합니다.

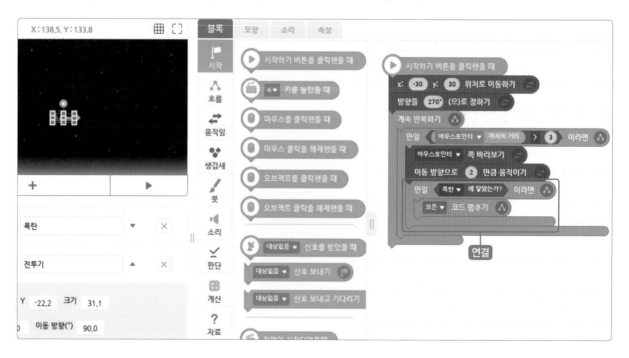

즐거운 코딩 ③

다음의 조건을 이용해 코딩을 완성해 보세요.

조건

① '아라비아궁전(1)'에 '백기사(1)' 오브젝트가 닿으면 '아라비아궁전(1)' 오브젝트를 숨기고 실행을 멈춥니다.

② '아라비아궁전(2)'에 '백기사(2)' 오브젝트가 닿으면 '아라비아궁전(2)' 오브젝트를 숨기고 실행을 멈춥니다.

③ '백기사(1)', '백기사(2)' 오브젝트를 다음 모양으로 바꾸고 복제합니다. 그리고 '10~15 사이의 무작위' 초만큼 기다립니다.

④ '백기사(1)', '백기사(2)' 오브젝트가 복제되었을 때, x좌표를 각각 '10', '-10' 만큼 바꿉니다.

⑤ '백기사(1)'과 '백기사(2)'가 닿으면 그 복제본을 삭제합니다.

• 예제 파일 : 백기사.ent • 완성 파일 : 백기사(완성).ent

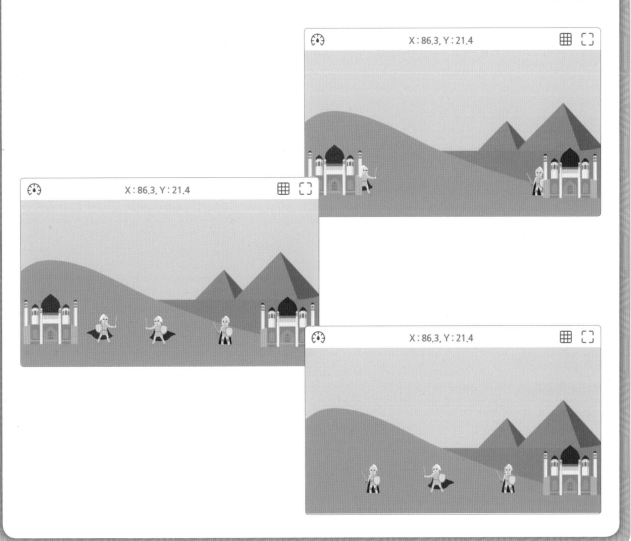

주요 블록 설명

명령블록 [시작]

블록	설명
▶ 시작하기 버튼을 클릭했을 때	[시작하기] 버튼을 클릭하면 아래에 연결된 명블록을 실행함.
⌨ q▼ 키를 눌렀을 때	지정한 키보드 키를 누르면 아래에 연결된 블록을 실행함.
🖱 마우스를 클릭했을 때	마우스를 클릭했을 때 아래에 연결된 블록을 실행함.
⊙ 오브젝트를 클릭했을 때	오브젝트를 클릭했을 때 아래에 연결된 블록을 실행함.
🎬 장면이 시작되었을때	장면이 시작되었을 때 아래에 연결된 블록을 실행함.

명령블록 [흐름]

블록	설명
2 초 기다리기 ∧	설정한 시간만큼 기다린 후 다음 블록 실행함.
10 번 반복하기 ∧	설정한 횟수만큼 감싸고 있는 블록을 반복 실행함.
계속 반복하기 ∧	감싸고 있는 블록을 계속 반복 실행함.
참 이 될 때까지 ▼ 반복하기 ∧	판단이 '참'인 동안 감싸고 있는 블록들을 반복 실행함.
만일 참 이라면 ∧	만일 판단이 '참'인 경우, 감싸고 있는 블록을 실행함.
만일 참 이라면 ∧ 아니면	만일 판단이 '참'인 경우, 감싸고 있는 블록을 실행하고, '거짓'이면 아래 두 번째 감싸고 있는 블록을 실행함.
모든 ▼ 코드 멈추기 ∧	모든 오브젝트들이 즉시 실행을 멈춤.

명령블록

이동 방향으로 10 만큼 움직이기	오브젝트가 설정한 값만큼 화살표시의 이동향으로 움직임.
화면 끝에 닿으면 튕기기	오브젝트가 화면 끝에 닿으면 튕김.
x 좌표를 10 만큼 바꾸기	오브젝트의 x좌표를 설정한 값만큼 변경함.
y 좌표를 10 만큼 바꾸기	오브젝트의 y좌표를 설정한 값만큼 변경함.
2 초 동안 x: 10 y: 10 위치로 이동하기	오브젝트가 입력한 시간에 걸쳐 x와 y좌표를 설정한 값만큼 바꿈.
x: 10 위치로 이동하기	오브젝트가 입력한 x좌표로 이동함.
이동 방향을 90° (으)로 정하기	오브젝트의 이동 방향을 입력한 각도로 함.
마우스포인터 ▾ 위치로 이동하기	오브젝트가 선택한 오브젝트 또는 마우스포인터 위치로 이동함.
방향을 90° 만큼 회전하기	오브젝트의 방향을 입력한 각도만큼 시계방향으로 회전함.
이동 방향을 90° 만큼 회전하기	오브젝트의 이동 방향을 입력한 각도만큼 회전함.
엔트리봇 ▾ 쪽 바라보기	해당 오브젝트가 설정한 오브젝트 쪽을 바라봄.

 명령블록

모양 숨기기	오브젝트가 화면에 안 보임.
모양 보이기	오브젝트가 화면에 보임.
안녕! 을(를) 말하기 ▾	오브젝트가 입력한 내용을 말풍선으로 말하는 동시에 다음 블록 실행함.
다음 ▾ 모양으로 바꾸기	오브젝트의 모양을 다음 모양으로 변경함.
색깔 ▾ 효과를 10 만큼 주기	오브젝트에 선택한 효과를 입력한 값만큼 줌.
크기를 10 만큼 바꾸기	오브젝트의 크기를 설정한 값만큼 변경함.

주요 블록 설명

명령블록
붓

블록	설명
도장찍기 🖌	오브젝트의 모양을 도장처럼 화면 위에 찍음.
그리기 시작하기 🖌	오브젝트가 이동하는 경로를 따라 선을 그리기 시작함.
붓의 색을 ▢ (으)로 정하기 🖌	오브젝트가 그리는 선의 색을 정함.
붓의 굵기를 1 (으)로 정하기 🖌	오브젝트가 그리는 선의 굵기를 정함.
붓의 색을 무작위로 정하기 🖌	오브젝트가 그리는 선의 색을 무작위로 정함.

명령블록
소리

블록	설명
소리 강아지 짖는소리 ▼ 재생하기 🔊	오브젝트가 선택한 소리를 재생하는 동시에 다음 블록을 실행함.
소리 강아지 짖는소리 ▼ 1 초 재생하기 🔊	오브젝트가 선택한 소리를 설정한 시간만큼 재생하는 동시에 다음 블록을 실행함.

명령블록
판단

블록	설명
10 > 10	왼쪽의 수가 오른쪽의 수보다 크면 '참'으로 판단
10 < 10	왼쪽의 수가 오른쪽의 수보다 작으면 '참'으로 판단
10 = 10	양쪽의 두 수가 같으면 '참'으로 판단
마우스포인터 ▼ 에 닿았는가?	해당 오브젝트가 선택한 항목과 닿은 경우 '참'으로 판단

명령블록
계산

블록	설명
10 + 10 10 - 10	두 수를 더함. / 두 수를 뺌.
0 부터 10 사이의 무작위 수	입력한 두 수 사이에 선택한 무작위 수(난수)의 값
마우스 x ▼ 좌표	마우스포인터의 x 또는 y의 좌표값
엔트리봇 ▼ 까지의 거리	자신과 선택한 오브젝트 또는 마우스포인터간의 거리값
초시계 숨기기 ▼	초시계 창을 화면에서 숨기거나 보이게 함.

엔트리 블록 카탈로그

시작

- 시작하기 버튼을 클릭했을 때
- q ▼ 키를 눌렀을 때
- 마우스를 클릭했을 때
- 마우스 클릭을 해제했을 때
- 오브젝트를 클릭했을 때
- 오브젝트 클릭을 해제했을 때
- 대상없음 ▼ 신호를 받았을 때
- 장면이 시작되었을때
- 대상없음 ▼ 신호 보내고 기다리기
- 대상없음 ▼ 신호 보내기
- 장면 1 ▼ 시작하기
- 다음 ▼ 장면 시작하기

흐름

- 2 초 기다리기
- 10 번 반복하기
- 계속 반복하기
- 참 이 될 때까지 ▼ 반복하기
- 만일 참 이라면
- 만일 참 이라면 아니면
- 반복 중단하기
- 모든 ▼ 코드 멈추기
- 참 이(가) 될 때까지 기다리기
- 복제본이 처음 생성되었을때
- 모든 복제본 삭제하기
- 자신 ▼ 의 복제본 만들기
- 처음부터 다시 실행하기
- 이 복제본 삭제하기

움직임

- 이동 방향으로 10 만큼 움직이기
- 화면 끝에 닿으면 튕기기
- x 좌표를 10 만큼 바꾸기
- y 좌표를 10 만큼 바꾸기
- 2 초 동안 x: 10 y: 10 만큼 움직이기
- x: 10 위치로 이동하기
- y: 10 위치로 이동하기
- x: 0 y: 0 위치로 이동하기
- 2 초 동안 x: 10 y: 10 위치로 이동하기
- 엔트리봇 ▼ 위치로 이동하기
- 2 초 동안 엔트리봇 ▼ 위치로 이동하기
- 방향을 90° 만큼 회전하기
- 이동 방향을 90° 만큼 회전하기
- 2 초 동안 이동 방향 90° 만큼 회전하기
- 90° 방향으로 10 만큼 움직이기
- 2 초 동안 방향을 90° 만큼 회전하기
- 엔트리봇 ▼ 쪽 바라보기
- 방향을 90° (으)로 정하기
- 이동 방향을 90° (으)로 정하기

생김새

- 모양 보이기
- 모양 숨기기
- 안녕! 을(를) 4 초 동안 말하기 ▼
- 안녕! 을(를) 말하기 ▼
- 다음 ▼ 모양으로 바꾸기
- 엔트리봇_걷기1 모양으로 바꾸기
- 색깔 ▼ 효과를 10 만큼 주기
- 색깔 ▼ 효과를 100 (으)로 정하기
- 크기를 100 (으)로 정하기
- 효과 모두 지우기
- 크기를 10 만큼 바꾸기
- 상하 모양 뒤집기
- 좌우 모양 뒤집기
- 맨 앞으로 ▼ 보내기
- 말하기 지우기

붓

- 도장찍기
- 그리기 시작하기
- 그리기 멈추기
- 붓의 색을 ■ (으)로 정하기
- 붓의 색을 무작위로 정하기
- 모든 붓 지우기
- 붓의 굵기를 1 만큼 바꾸기
- 붓의 굵기를 1 (으)로 정하기
- 붓의 투명도를 10 % 만큼 바꾸기
- 붓의 투명도를 50 % 로 정하기

글상자

엔트리 라고 글쓰기 가   엔트리 라고 뒤에 이어쓰기 가   엔트리 라고 앞에 추가하기 가   텍스트 모두 지우기 가

가

소리

소리 대상없음 재생하기   소리 대상없음 1 초 재생하기   소리 대상없음 1 초 부터 10 초까지 재생하고 기다리기

소리 대상없음 재생하고 기다리기   소리 대상없음 1 초 재생하고 기다리기   모든 소리 멈추기

소리 대상없음 1 초 부터 10 초까지 재생하기   소리 크기를 10 % 만큼 바꾸기   소리 크기를 10 % 로 정하기

판단

마우스를 클릭했는가?   q ▼ 키가 눌러져 있는가?   마우스포인터 ▼ 에 닿았는가?   참 그리고 ▼ 참   참 (이)가 아니다

참 또는 ▼ 거짓   10 = 10   10 > 10   10 < 10   10 ≥ 10   10 ≤ 10

✓

계산

10 + 10   10 - 10   10 x 10   10 / 10   0 부터 10 사이의 무작위 수   마우스 x ▼ 좌표

엔트리봇 ▼ 의 x 좌푯값 ▼   소릿값   10 / 10 의 몫 ▼   10 의 제곱 ▼   초시계 값   현재 연도 ▼

엔트리봇 ▼ 까지의 거리   대상없음 ▼ 소리의 길이   엔트리 의 글자 수   안녕! 과(와) 엔트리 를 합치기

안녕 엔트리! 의 1 번째 글자   안녕 엔트리! 의 2 번째 글자부터 5 번째 글자까지의 글자   안녕 엔트리! 에서 엔트리 의 시작 위치

초시계 시작하기 ▼   초시계 숨기기 ▼   안녕 엔트리! 의 안녕 을(를) 반가워 로 바꾸기   Hello Entry! 의 대문자 ▼

+−
×÷

자료

안녕! 을(를) 묻고 대답 기다리기 ?   대답 숨기기 ▼ ?   변수 ▼ 에 10 만큼 더하기 ?   변수 ▼ 를 10 로 정하기 ?

변수 변수 ▼ 숨기기 ?   변수 변수 ▼ 보이기 ?   리스트 리스트 ▼ 보이기 ?   10 항목을 리스트 ▼ 에 추가하기 ?   리스트 리스트 ▼ 숨기기 ?

리스트 ▼ 항목 수   1 번째 항목을 리스트 ▼ 에서 삭제하기 ?   10 을(를) 리스트 ▼ 의 1 번째에 넣기 ?   리스트 ▼ 의 1 번째 항목

변수 ▼ 값   대답   리스트 ▼ 1 번째 항목을 10 (으)로 바꾸기 ?   리스트 ▼ 에 10 이 포함되어 있는가?

?

함수

함수 정의하기 함수 𝑓   함수 𝑓   판단값   문자/숫자값   이름

𝑓